PEOPLE'S
LL AFRICAN
CONFERENCE

監修者——木村靖二／岸本美緒／小松久男／佐藤次高

［カバー表写真］
ガーナ伝統織物ケンテクロスを纏ったンクルマ

［カバー裏写真］
ンクルマ記念公園のンクルマ像
（アクラ市）

［扉写真］
全アフリカ人民会議
（1958年）

世界史リブレット人99

ンクルマ

アフリカ統一の夢

Sunano Yukitoshi
砂野幸稔

目次

アフリカの黒い星▲

一九五七年三月六日深夜、首都アクラでおこなわれたガーナ独立式典で、歓呼する民衆を前にクワメ・ンクルマ〈一九〇九〜七二、英連邦王国ガーナ〈初代〉首相一九五七〜六〇、ガーナ共和国〈初代〉大統領一九六〇〜六六〉はこう演説した。

> ついに戦いは終わった。こうしてガーナは、諸君の愛する国は、永久に自由になった。……しかし、われわれは、アフリカの他の国々を解放する戦いにふたたび身を捧げる。われわれの独立は、それがアフリカ大陸の完全解放に結びつかないかぎり意味をなさないからだ。

ンクルマは、アフリカのほかの植民地に先駆けてガーナを独立に導き、さらに植民地主義からの全アフリカ解放の戦いの先頭に立とうとした。実際、ンク

▼アフリカの黒い星　ガーナの国旗は赤・黄・緑のいわゆるパンアフリカ・カラーの中心に黒い星を配置したものである。この黒い星はアフリカの解放を象徴しているが、ガーナおよびンクルマ自身が、アフリカ解放のシンボルとして「黒い星（ブラックスター）」と呼ばれることもあった。ちなみにサッカーのガーナ代表チームも「黒い星（ブラックスターズ）」と呼ばれている。

ルマの存在がなければ、一九五七年という早い時期におけるガーナの独立はなかっただろうし、さらには、それが呼び水となったその後のアフリカ諸国のあいつぐ独立も遅れていたかもしれない。また、一九六三年に結成されたアフリカ統一機構（OAU）も、ンクルマが高く掲げたアフリカ合衆国の理想を抜きにしては語れない。アフリカの脱植民地化の過程でンクルマがはたした傑出した役割に異論の余地はない。

しかし、その一方で、とくに政権末期のンクルマについては否定的な見解も少なくない。

ガーナ独立の九年後の一九六六年二月、ンクルマは外遊中に軍部による無血クーデタで失脚した。軍事政権はンクルマがもたらした経済破綻、政治腐敗、独裁と恐怖政治を非難した。前政権を非難することで自己正当化をおこなうのはクーデタ後の政権の常套手段だが、ンクルマ時代を生きたガーナの著名な歴史家ボアヘンも次のように述べてンクルマを批判している。

彼は偉大なアフリカ人であった。しかし、ガーナの指導者としては、結局のところ彼は失敗者だった。独立時、彼はガーナを最良の国へと変える機

▼**アフリカ統一機構**　一九六三年五月、アパルトヘイト体制下の南アフリカを除く当時のアフリカ大陸のすべての独立国が参加し、エチオピアのアジスアベバで結成された。独立アフリカ諸国の連帯、非独立地域の解放をうたうとともに、国家主権と領土の尊重、内政不干渉を原則とした。二〇〇二年にアフリカ連合（AU）に移行する形で発展的に解消された。

▼**A・アドゥ・ボアヘン**（一九三二〜二〇〇六）　ガーナの歴史家。一九七一〜九〇年、ガーナ大学教授。『ユネスコ　アフリカの歴史』の編集委員を務めるなど、アフリカ史の権威として知られる。

会を与えられていた。しかし、順調なスタートを切ったにもかかわらず、彼はこの最良の機会を、単一の政府のもとでの、そしておそらくは自分を指導者とするアフリカ合衆国という幻想(キマイラ)のために台無しにしてしまったのだ。

しかし、この「失敗」とはなんだったのだろうか。むしろそれは、アフリカにおける脱植民地化がいかに困難な事業であったかを示しているのではないか。

本書は、ンクルマという一人のアフリカ人指導者の事跡をとおして、アフリカの脱植民地化の時代を問おうとするものである。

①—ゴールドコースト植民地とンクルマ

「ガーナ」という国名

ンクルマら、アフリカの脱植民地化の戦いを先導した人々が直面しなければならなかったのは、ヨーロッパ列強による政治的経済的支配だけでなく、それを正当化する人種主義思想でもあった。ガーナという国名は、八世紀頃から十一世紀頃にかけて西アフリカで繁栄したアフリカ人王国の名からとられている。その支配領域は現在のモーリタニアからマリにかけての地域にあたり、現在のガーナとは重ならないが、ンクルマは「アフリカ人には歴史はない」としてきたヨーロッパの人種主義思想に対して、アフリカ人の「歴史」を象徴するものとしてこの名を選んだのである。

現在も日本の世界史の教科書にはアフリカに関する記述はほとんどないが、もちろんアフリカは「歴史不在」の大陸ではない。アフリカではヨーロッパ人到来のはるか以前から、各地域の地域内交易網と西アフリカのサハラ縦断交易、東アフリカのインド洋交易などをとおしてさまざまな王国や文明が繁栄していた。

西アフリカでは、金や岩塩などのサハラ縦断交易をとおして、ガーナ王国のあとも、十三世紀に成立したマリ帝国、十五世紀に成立したソンガイ帝国などが、サハラ砂漠南縁のサヘル地域▲で繁栄していた。マリ帝国からソンガイ帝国の時代に黄金交易の中心地として繁栄したトンブクトゥは、同時に多数の学者と学校を擁するイスラーム学術都市でもあった。

現在のガーナにあたる地域では、こうしたサヘル地域の大国との交易などで、十五世紀頃から十六世紀頃にかけてダゴンバ、マンプルシ、ゴンジャなどの中央集権的小王国が北部に成立し、イスラームが浸透しはじめていた。さらに、十六世紀から十七世紀にかけて、アカン系の人々によってデンチラ、アサンテ、ファンテなどの王国が南部に形成され、十八世紀になるとアサンテ王国が周囲の諸王国を勢力下におさめ、十九世紀初頭には現在のガーナのほぼ全域を支配していた。

▼サヘル地域　サハラ砂漠南縁の半乾燥地帯。「岸辺」を意味するアラビア語の「サーヒル」から。

アサンテ王国、黄金のマスク

西アフリカの古王国

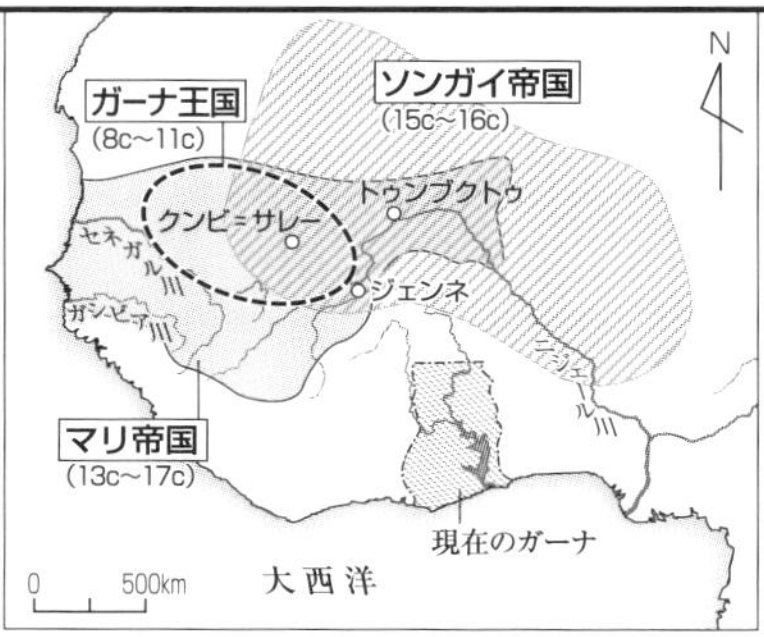

ガーナの諸王国

サンコレモスク　サハラ縦断交易で盛えた都市トンブクトゥに残る三大モスクの一つ。三大モスクはいずれも学校を併設し西アフリカ随一の学問都市トンブクトゥの象徴でもあった。

カタロニア地図に描かれたマリ帝国のムーサ王　一三七五年にカタロニアのアブラアム・クレスクスの作成した世界地図に黄金の塊を手にしたマリのムーサ王(在位一三一二～三七)が描かれ、「ギニアのアフリカ人の王マリのムーサ王。国に産するありあまる金によって、世界でもっとも豊かでもっとも高貴な王である」という記述が付されている。

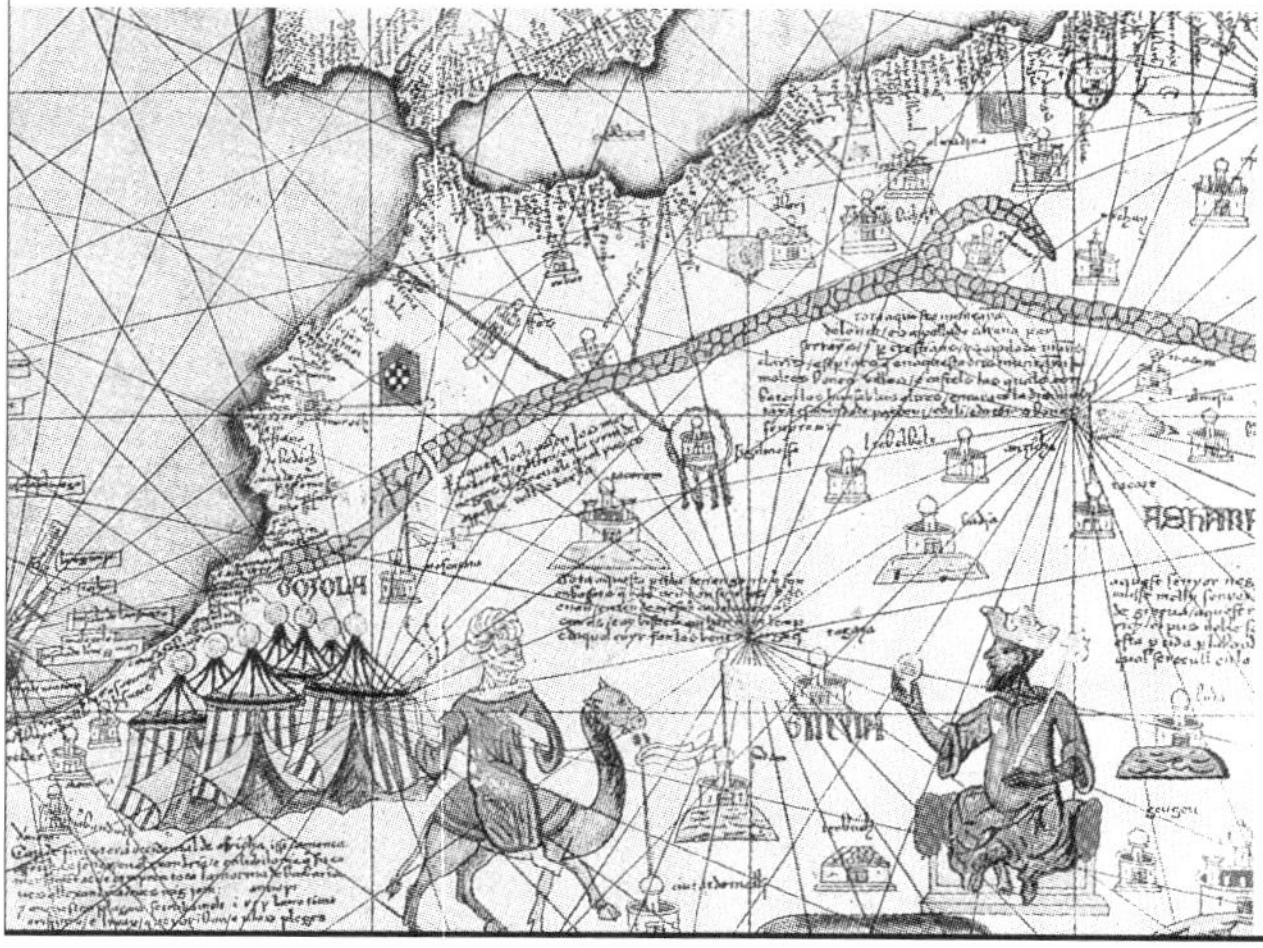

十六世紀後半にテオドール・ド・ブリによって描かれたエルミナ城砦

ヨーロッパ人の到来

アサンテ王国の興隆をもたらしたのは、サハラ縦断交易から沿岸部交易への交易ルートの転換だった。

ヨーロッパ人は十五世紀からインド洋航路を求めてアフリカ西海岸を南下し、十六世紀以降海岸部で交易をおこなうようになった。それは奴隷貿易として知られる大西洋三角交易として発展し、ヨーロッパの産業革命を準備する一方で、アフリカ大陸からは一〇〇〇万人をこえる若く壮健な男女を奪い、人口の停滞や産業の発展の阻害をもたらした。しかし、それは同時に、ヨーロッパ人との交易で繁栄するアフリカ人王国も生み出した。金・奴隷などの交易で莫大な富をえ、ヨーロッパ人から入手した銃で勢力を拡大したアサンテ王国もそうした王国の一つだった。

ギニア湾沿岸には、ポルトガル人が一四八二年に建設したエルミナ城砦を皮切りに、ヨーロッパ各国が競って交易拠点を築いた。そうした地域は、取り引きされた主要商品にちなんで象牙海岸(現国名のコートディヴォワールはそのフランス語呼称)、黄金海岸(ゴールドコースト——現在のガーナ)、奴隷海岸(現在

▼ベルリン・アフリカ分割会議　ベルギーのレオポルド二世によるコンゴ進出をめぐる争いをきっかけに、ドイツ帝国のビスマルクの提唱で一八八四年十一月十五日から翌八五年二月二十四日までベルリンで開かれた会議。十九世紀後半から激化していたヨーロッパ列強のアフリカにおける植民地争奪戦の調整がはかられ、各国の既得権益を確認するとともにアフリカ分割の原則を定めた。

のトーゴ、ベナン、ナイジェリア西部）などと呼ばれることになった。十九世紀後半になると、現在のガーナの沿岸部の交易拠点ほぼすべてがイギリスの支配下にはいっていたが、イギリス人の影響圏はそうした交易拠点にかぎられていた。

沿岸部での交易から領域支配への転換をもたらした大きな転機は、一八八四年から八五年にかけてベルリンでおこなわれたアフリカ分割会議▲だった。この会議は、現地のアフリカ人の意向とはかかわりなく、二つの原則を定めた。一つは勢力範囲の原則で、沿岸部を支配すれば自動的に後背地に対する権利が生じるというものであり、現在のガーナの国境線をはじめ、海に面する多くのアフリカ諸国の国境線が、民族の分布とはかかわりなく内陸に向けてほぼ直線状になっているのはその結果である。もう一つが実効支配の原則であり、勢力圏が植民地として認められるためには、支配地に実効的な権力を確立していなければならないというものである。これを受けて、一八八〇年代から一九一〇年代にかけて、イギリス、フランスなどはしばしば激しい軍事侵攻をおこなって内陸の支配権を確立していった。

現在のガーナにあたる地域では、十九世紀初頭以来、イギリス人とアサンテ王国が交易の主導権をめぐって数次にわたる衝突を繰り返していたが、一八七四年のアサンテ王国の敗北によってイギリスが沿岸部の支配権を確立し、さらに、アフリカ分割会議後の一八九六年には、すでに弱体化していたアサンテ王国の首都クマシを占領し、王を追放した。一九〇〇年にアサンテ軍は反攻を試みるが、イギリスの圧倒的な軍事力によって壊滅させられ、〇一年にアサンテ王国はついにイギリス植民地となった。翌一九〇二年には北部地域も保護領として併合された。

キリスト教伝導団と教育

ンクルマが、現在のガーナの南西部に位置するンクロフル村で生まれたのは、それからまだまもない一九〇九年のことだった。当時は正確な生年月日はわからない方が多く、彼の母の記憶では一九一二年生まれなのだが、アメリカ留学時などに提出された公式書類では誕生日は〇九年九月二十一日となっている。ンクルマ自身は一九五七年に出版された自伝で、土曜日生まれの男子を意味するクワメという自分の名前と、幼時に見た難破船の記憶から、自らの誕生日を〇九年九月十八日の土曜日と推測している。

名前についてもじつはよくわからないところがある。ンクルマがクワメを名乗り出すのは一九四五年にロンドンで第五回パン・アフリカ会議（三〇頁参照）を開催したのちのことで、それまでは洗礼名のフランシスを名乗っていた。書類上の姓はンクルマとなっているが、それは父の名でも母の名でもなく「九番目の子ども」を意味する名である。アカン系の社会は母系制であり、父の名を名乗らないのは不思議ではないが、なぜンクルマという姓が選ばれたのかはよくわからない。父コフィ・ンゴンロマは金細工師で複数の妻をもっていた。彼は父の九番目の子どもだったのだろう。父が彼に与えた名はンウィア・コフィで、書類上はフランシス・ンウィア・コフィ・ンクルマとなっていた。商人であった母エリザベス・ニャニバーにとっては、ンクルマはただ一人の子どもで、商売をしながら彼を育てた強い性格はンクルマに大きな影響を与えたという。

ンクルマは三歳の時に、母とともに父の住むハーフ・アシニに移った。フランス領コートディヴォワール国境近くのこの町にはローマ・カトリック教会の

▼アカン（語・人）　ガーナの南半分およびコートディヴォワール東部で話されるニジェール・コンゴ語族の言語群。ガーナではトゥイ語、ファンテ語などが主要な言語。ンクルマの生まれたンクロフル村では同系統のンズィマ語が話されている。

●アフリカ分割（二十世紀初め）

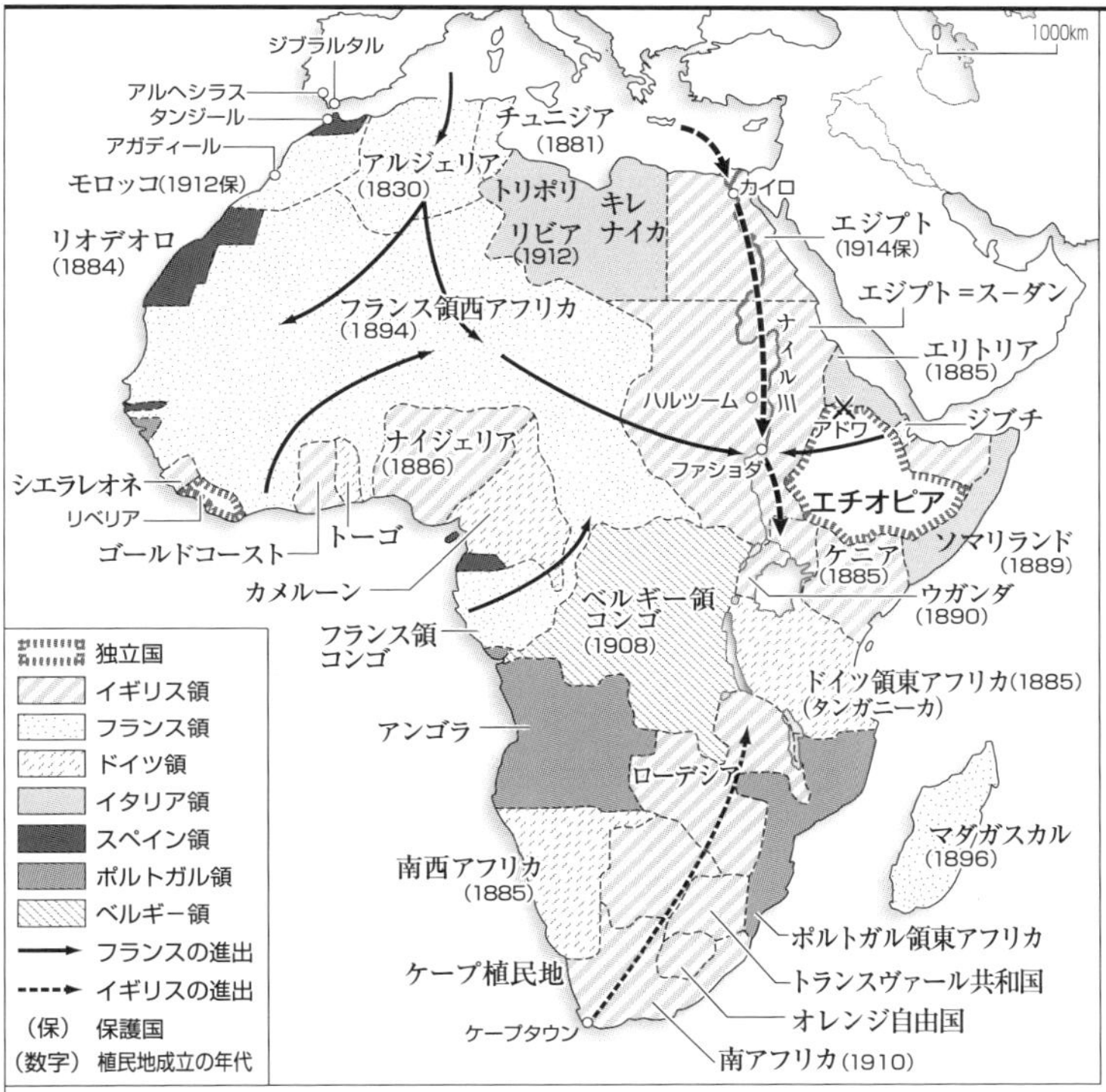

●イギリス植民地支配の拡大と沿岸部諸都市

伝導所があり、母ニャニバーはそこで洗礼を受けている。そのことが、ンクルマに、同じ頃に生まれたガーナの子どもたちとは異なる人生を歩ませるきっかけとなった。母の強い意志によってンクルマは伝導所の小学校に送られたのである。それがなければ、ンクルマは金細工師の息子としてまったく異なった生涯を送っていたかもしれない。

キリスト教伝導団は、当初はごく少数とはいえ新しいタイプのアフリカ人を生み出すうえで大きな役割をはたした。十九世紀後半になると、キリスト教伝導所の学校で教育を受け、教師や牧師などとなる人々や、さらにイギリスなどの大学で医師や弁護士などの資格をえる人々があらわれ始め、新しい知的エリートの階層が形成されていった。そのなかには、ガーナの初期ナショナリスト、メンサ・サーバー▲やケイスリー・ヘイフォード▲などのような人々もいた。

しかし、そうした階層が生まれつつあったのは、ケープコーストなど古くからイギリス人などとの接触のあった都市部にかぎられており、しかも、そうした都市部でさえ、初等教育修了まで到達する者はまだまれだった。ンクルマが育ったハーフ・アシニのような辺境では、一人の教師が一つの教室で全学年を

▼ジョン・メンサ・サーバー（一八六四〜一九一〇）　ケープコーストのミッション・スクールで学んだのちイギリスで法律をおさめ、二三歳の若さで西アフリカ出身者として最初の弁護士となった。一八九七年にJ・E・ケイスリー・ヘイフォードらとともに「原住民権利保護協会」を設立し、アフリカ人の権利擁護のために活動した。アフリカ人の教育普及のためにも尽力した。

▼J・E・ケイスリー・ヘイフォード（一八六六〜一九三〇）　ケープコーストのミッション・スクールで学んだのち、シエラレオネで高等教育を受け、西インド出身のパン・アフリカニスト、エドワード・ブライデンの著作に感化された。その後ロンドンで弁護士資格を取得し、一九一〇年にメンサ・サーバーのあとを継いで「原住民権利保護協会」の会長となった。さらに一九一九年には西アフリカで最初のナショナリズム運動としての「イギリス領西アフリカ国民会議」を設立した。メンサ・サーバーと同様、アフリカ人の教育普及のためにも尽力した。

教える小さな学校しかなかった。小学校課程修了まで到達したンクルマは、それだけでもすでに例外的な存在だった。優秀なンクルマは生徒教師に採用され、彼に目をかけていた神父の教えを受けながら小学校の生徒たちを教えることになった。しかし、もう一つの幸運が彼に訪れなければ、そこまでで終わっていたかもしれない。

グギスバーグとアチモタ・カレッジ

イギリスやフランスなどは、十九世紀末以降、政府が植民地支配に直接関与するようになると、内外に対する自己正当化のために、「植民地支配は未開なアフリカ人を文明化し、眠っているアフリカの富を開発する崇高な事業である」という主張を展開するようになった。それは建前にすぎなかったが、掲げられた建前は幾分は実際に政策として実施しなければならないだけでなく、その建前をかなりまじめに奉じる人々も生み出すことになる。

一九一九年から二七年までゴールドコースト植民地の総督を務めたゴードン・グギスバーグ▲は、そうした「文明化の使命」を奉じる植民地行政官のなか

▼**ゴードン・グギスバーグ**（一八六九〜一九三〇）　測量技師としてゴールドコースト、ナイジェリアの植民地行政府に務めたのち、第一次世界大戦に従軍し、戦後一九一九年から二七年までイギリス領ゴールドコースト植民地総督を務めた。

でも傑出した一人だった。グギスバーグは、ゴールドコースト植民地の経済開発を推し進めるとともに、アフリカ人への教育を充実することによって、将来はアフリカ人が植民地の行政と経済を担いうるように育成しなければならない、という考えをもっていた。あくまでもヨーロッパの優越を前提とした考え方だが、グギスバーグの後任者がそうであったように、伝統的首長層をとおした間接統治を重視し、教育を受けたアフリカ人は植民地体制にとって危険な存在であると考える植民地行政官が少なくなかった当時としては、それでも十分に進歩的な考え方だった。

グギスバーグは教育や行政などで指導的役割をはたすアフリカ人エリートを養成するために、水準の高い教育をおこなう中等教育機関をアクラ近郊のアチモタに設置することを決めた。その後ガーナのエリート層を輩出することになるアチモタ・カレッジである。

一九二七年に正式に開校することになるこの学校の校長となったA・G・フレイザー師は、優秀な生徒を求めて各地の学校を視察し、二六年、ハーフ・アシニで「穏やかで、威厳に満ちたようすで、生徒たちを引きつける」見事な授

▼**ジェームズ・クウェギル・アグレイ**（一八七五〜一九二七）　ケープコーストのミッション・スクールで学んだのち、選抜されて宣教師となるためアメリカに留学。神学と整骨学の学位を取得した。「ピアノは白鍵だけ黒鍵だけでは奏でられない。両者の協調が必要である。そして、そのためには両者は平等でなければならない」という言葉が知られている。

業をしている一七歳の生徒教師ンクルマを見ることになる。フレイザー師はンクルマにアチモタに来て正式の教師としての訓練を受けるように勧め、翌年、ンクルマは親元を離れ、アチモタに入学する。それがアフリカ人ナショナリストとしてのンクルマを生む大きな転機となった。

ナショナリズムの芽生え

最初の契機はクウェギル・アグレイ博士▲との出会いである。アメリカで二〇年以上を過ごしたクウェギル・アグレイは、アチモタ・カレッジ唯一のアフリカ人教師であるだけでなく、副校長という重要な地位についていた。彼の思想は白人と黒人の協調を説くものだったが、人種主義思想を批判するだけでなく、「ヨーロッパ人の貧弱な模倣ではなく、よきアフリカ人であり続けよ」とアフリカ人の尊厳を雄弁に説き、ンクルマに強い印象を与えた。「私のナショナリズムがやしなわれたのは博士のおかげである」とのちに彼は回顧している。クウェギル・アグレイはンクルマが入学した年にアメリカにふたたび渡航するが、到着直後に急死し、ンクルマは激しいショックを受けたという。しかし同時に、クウェギル・アグレイのようにアメリカで勉強したい、という思いが彼をとらえることになる。

一九三〇年にアチモタ・カレッジを卒業すると、ンクルマはローマン・カトリック小学校の教師に任命され、エルミナ、アシムで教えた。教師生活を続けながら教員組織や文学協会の活動に参加し、そのなかでさらに時代の動きを肌で感じるようになる。

ゴールドコーストでは十九世紀末から、教育を受けたアフリカ人エリートによる政治活動がおこなわれ、一八九七年には行政府による土地収用に反対して「原住民権利保護協会」が結成されている。さらに、第一次世界大戦後、パリ講和会議▲で民族自決の原則が掲げられると、その適用から除外されていたアフリカの植民地にも同じ原則の適用を求めるアフリカ人ナショナリズムの動きが始まっていた。

一九二〇年、弁護士のケイスリー・ヘイフォードが中心となって結成された「イギリス領西アフリカ国民会議」はそうした動きの一つだった。ケイスリー・ヘイフォードは、植民地の境界をこえたイギリス領西アフリカの新興エリ

▼パリ講和会議　第一次世界大戦の戦勝国が講和条件などを討議するために一九一九年一月十八日からパリで開いた会議。アメリカ大統領ウィルソンが大戦末期に発表した「十四カ条の平和原則」が講和の基本原則とされ、そのなかに民族自決の原則が含まれていたが、イギリス、フランスなどの支配する植民地は対象とされなかった。

▼I・T・A・ウォレス・ジョンソン（一八九四〜一九六五）　一九三五年にナイジェリアのナムディ・アジキウェと「西アフリカ青年連盟」を

ートの連帯を訴えるとともに、アフリカ人エリートの政治参加を強く求め、伝統首長をとおした間接統治制度を激しく批判した。さらに一九三〇年代になると、農民運動や労働組合運動、そしてアフリカ人ジャーナリズムによる植民地行政批判が活発になっていった。そのなかには、のちにロンドンでンクルマと行動をともにすることになるシエラレオネのウォレス・ジョンソン▲や、ナイジェリアのアジキウェ▲がおり、彼らは「西アフリカ青年連盟」を結成して、植民地の枠をこえた全西アフリカのアフリカ人の連帯を訴えていた。

都市部では、教育を受けたアフリカ人たちによる文学クラブや文化協会などの活動も活発におこなわれるようになり、それはしばしば植民地の政治状況についての議論の場ともなっていた。ンクルマも、教師時代に参加した文学クラブをつうじて「イギリス領西アフリカ国民会議」の書記をしていたサミュエル・ウッド▲と知り合い、ゴールドコーストの政治とナショナリズム運動の歴史について多くを学んだという。ンクルマはアジキウェともアメリカへの出発前に出会っている。アジキウェ自身の証言によれば、アメリカ留学の希望を述べたンクルマに、アジキウェは自らが卒業し教員も務めたことのあるリンカーン

結成、三七年にはロンドンの「国際アフリカ人サービス・ビューロー」に参加し、三八年以降はシエラレオネで労働運動、独立運動を指導するとともに、四四年に結成された「パン・アフリカ連盟」に参加するなどパン・アフリカニストとしても活動した。

▼ナムディ・アジキウェ（一九〇四〜九六）　アメリカのハワード大学、リンカーン大学で学んだのち、一九三四年にガーナの新聞編集長となり、三五年にウォレス・ジョンソンとともに「西アフリカ青年同盟」を結成。一九三七年にナイジェリアに帰国してナショナリズム運動を展開した。一九六〇年のナイジェリア独立時に総督となり、六三年の共和制以降で初代大統領となったが、六六年のクーデタで辞任。

▼サミュエル・ウッド（一八七五〜一九四八）　一八九七年の「原住民権利保護協会」結成に参加、一九二〇年に結成された「イギリス領西アフリカ自民会議」では書記長を務めた。材木商としても成功し、一九四七年の「統一ゴールドコースト会議」にも参加したが、四八年に死去。

大学に願書を出すことを勧め、リンカーン大学の知人にンクルマを推薦する手紙を送ったという。

ンクルマは渡航のために給料を貯めていたが、それではとうてい足りず、ナイジェリアに渡って成功していた親族のもとに密航して援助を依頼し、さらに数人の親族の支援を受けて、一九三五年、ついにアメリカに向けて旅立つことになる。ゴールドコーストではアメリカのビザは取得できなかったため、ビザ取得のためにまずイギリスに向かうことになった。奨学金もなく、いくつかのアドレスと推薦状以外なにももたないンクルマは、不安を抱えながら旅立つことになるのだが、そのとき彼を鼓舞した二つのできごとをのちに自伝で回顧している。

最初はリヴァプールに向かう船に乗り込んだとき、三等船室に届いていた思いがけないメッセージだった。それはアジキウェからのもので、「グッバイ。神と自分を信頼することを忘れないように」とあった。もう一つはイギリスに到着してからのできごとである。ロンドンでビザ取得の手続きでいきづまり途方に暮れていたとき、新聞の売り子が告げるイタリアのエチオピア侵攻のニュースを聞いて「その瞬間、ロンドンのすべてが私に宣戦布告しているように感じた」「通行人の無関心な顔をながめて、植民地制度を倒すために、必要なら地獄にでも行こう」と決意を新たにしたという。

②—アメリカ留学とアフリカ解放の夢

パン・アフリカニズム

イギリス領西アフリカのアフリカ人エリートの運動は、「原住民権利保護協会」がそうであったように、基本的には植民地体制内でのアフリカ人の地位向上を求めるもので、まだ植民地体制そのものを揺るがすものとはなっていなかった。白人優越の人種主義思想に基づく植民地主義体制そのものを批判し、劣等人種としておとしめられていた黒人の誇りとすべてのアフリカ系人の連帯を説く黒人意識のうねりを最初に生み出したのは、カリブ海諸島とアメリカ合衆国だった。そこでは、奴隷貿易が人種地図を塗り替え、奴隷制廃止後も露骨な人種差別が日々の現実として存在していたのである。

「イギリス領西アフリカ国民会議」を組織したケイスリー・ヘイフォードに大きな影響を与えたのも、西インド諸島出身で、リベリアに移住したブライデン▲である。ブライデンは、白人の模倣ではなく黒人としての誇りをもつことの重要性を説き、のちにンクルマも唱えることになる「アフリカン・パーソナリ

▼**エドワード・ブライデン**（一八三二〜一九一二）　セント・トーマス島（現アメリカ領ヴァージン諸島）に生まれ、アメリカ人牧師の勧めでアメリカの神学校に入学を試みるが人種故に拒まれ、一八歳でアメリカ人解放奴隷によって建国されたばかりのリベリアに移住。教師、ジャーナリスト、外交官、政治家として活動するかたわら、人種主義思想を批判し、「アフリカ人のためのアフリカ」を説く著作を発表した。

●―アメリカ出発時のンクルマ

●―W・E・B・デュボイス（一八六八〜一九六三）　アフリカ系アメリカ人としてはじめてハーバード大学で博士号を取得し、一九〇三年に出版した『黒人の魂』で「二十世紀の問題はカラーラインの問題である」と指摘した。「ナイアガラ運動」「全国有色人種地位向上協会（NAACP）」を通じて黒人差別撤廃運動を率いるとともに、パン・アフリカニズム運動を組織し、第五回パン・アフリカ会議では議長を務めた。一九六一年、ンクルマに招かれて九三歳でガーナに渡り、ガーナ国籍を取得し、そこで没した。

●―マーカス・ガーヴィー（一八八七〜一九四〇）　ジャマイカの印刷工から黒人労働運動指導者となり、一九一四年にジャマイカで「万国黒人改善協会（UNIA）」を結成。一九一六年にアメリカに渡って、白人への同化を拒否し、黒人の自立を訴える黒人大衆運動を展開した。「アフリカ帰還運動」の挫折後、二七年にアメリカを追放され、ジャマイカで政治活動を再開したが、三五年にイギリスに渡り、ロンドンで没した。

ティ」を主張したパン・アフリカニズムの先駆者だった。

アメリカ合衆国では十九世紀後半から、奴隷制廃止後も続く人種差別に対して黒人の地位向上をめざす動きが始まっていた。当初は、教育をつうじた黒人の地位向上を説いたワシントン▲のように、白人社会への同化をつうじて対等の存在として認められようとする努力から始まったが、二十世紀にはいると、黒人としての誇りとアフリカ系人の連帯を強調する黒人意識があらわれてくる。そのなかでもっとも傑出した役割を演じたのがデュボイスとガーヴィーである。

デュボイスは、ワシントンの妥協的姿勢を厳しく批判し、一九〇五年に黒人による権利要求運動としての「ナイアガラ運動」を組織し、〇九年には人種主義に反対するユダヤ系知識人らとともに黒人差別撤廃運動の組織として「全国有色人種地位向上協会(NAACP)」を結成した。一九一九年、第一次世界大戦の戦後処理のためにヴェルサイユ会議が開かれると、デュボイスはNAACPから派遣されてパリに赴き、会議でアフリカ系人とアフリカ人の権利を訴えようとした。これがはたせなかったため、急遽アフリカ系人とアフリカ人の会議として組織されたのが第一回パン・アフリカ会議▲だった。急ごしらえだった

▼ブッカー・T・ワシントン(一八五六〜一九一五) アメリカ南部で奴隷として生まれ、南北戦争後、努力して教育を受け、黒人のための職業訓練校タスキーギ学院の校長となった。黒人は性急に白人と平等の市民権を要求するのではなく、技術を身につけ経済的に力をつけることで白人に認められるようにならなければならない、と主張した。教育と職業訓練の重要性を説く彼の活動は、アメリカだけでなくアフリカにも広く影響を与えた。

▼第一回パン・アフリカ会議(Pan-African Congress) 実は、その二〇年近く前の一九〇〇年、シルベスター・ウィリアムズが、カリブ、アメリカ、アフリカからの代表を集めて「パン・アフリカ会議」をロンドンで開催している。デュボイスはこの会議に出席し会議の決議文も起草しているのだが、植民地宗主国への誓願にとどまるその内容への不満からか、その後この会議については語らず、一九一九年のパリ会議を第一回としている。

ため、イギリス領西アフリカと南アフリカからの参加者は少なかったが、植民地のアフリカ人の権利保護、教育の普及、自治の推進などを求める決議を採択し、以後五回にわたるパン・アフリカ会議運動の嚆矢となった。

その後、デュボイスは、一九二一年に第二回（ロンドン、ブリュッセル、パリで順次開催）、二三年に第三回（ロンドン、リスボン〈同〉）、二七年に第四回（ニューヨーク）とあいついでパン・アフリカ会議を開催し、アフリカ系人とアフリカ人による統一戦線の形式を試みた。第二次世界大戦後、ンクルマがパドモア▲とともに開催した第五回パン・アフリカ会議（三〇頁参照）はこれを引き継ぐものだが、アメリカに渡った当初のンクルマにとってはまだ遠い動きだった。

ンクルマに最初に大きな影響を与えたのはガーヴィーだった。ンクルマは自伝で「私の学んだすべての本の中で、どれよりも強く私の情熱を燃え立たせたのは『マーカス・ガーヴィーの哲学と思想』だと思う」と書いている。ガーヴィーは、一九一四年に全世界の黒人種の救済を訴える「万国黒人改善協会（UNIA）」を結成し、一六年にアメリカに渡って遊説を開始した。ガーヴィーは「人種差別と搾取に苦しむ全世界の黒人種を救済するためには、アフリカ

▼**ジョージ・パドモア**（一九〇二〜五九）　トリニダード出身のパン・アフリカニスト。一九二七年に黒人解放をめざしてアメリカ共産党に入党し、二九年にヨーロッパに渡ってコミンテルンの活動家となる。しかし、コミンテルンが反ファシズム人民戦線を掲げてヨーロッパの植民地主義批判を抑制するようになるとそれを批判して追放され、一九三四年、ロンドンに渡ってパン・アフリカニストとしての活動を開始した。一九四五年の第五回パン・アフリカ会議以来ンクルマの政治的師であり、五七年のガーナ独立とともに政治顧問としてまねかれ、ガーナのパン・アフリカニズム運動を中心となって率いたが、五九年、肝硬変のため死去。

に黒人種のための国家を樹立し、黒人政府をつくらねばならない」と説いた。ガーヴィーの運動はアメリカ黒人社会に強烈なインパクトをもたらした。デュボイスらの運動が、知識人層を基盤とし、黒人大衆の組織化にはあまり関心を示さなかったのに対して、ガーヴィーは黒人大衆を組織化しようとしたのである。ハーレムに本部をおいたＵＮＩＡはまたたくまに黒人大衆の支持を集め、一九一九年には全国に三〇の支部をもち、会員数は二〇〇万人をこえたという。二〇年にニューヨークで開かれたＵＮＩＡ第一回国際大会には内外から二万五〇〇〇人の代表が集まり、そこでガーヴィーは「アフリカ共和国」を宣言し、自ら臨時大統領に就任している。さらに同じ年、ガーヴィーはリベリアへのアメリカ黒人の移民を進める「アフリカ帰還運動」を開始した。

ガーヴィーは、「アフリカ人のアフリカ」を主張し、政治的独立の決定的重要性を強調するとともに、黒人が経済的に自立することの重要性も説いた。そのためにガーヴィーが設立したのが「黒人の黒人による黒人のための」船会社である「ブラックスター・ライン」をはじめとする黒人企業だった。結局、一九二〇年代半ばには、リベリア政府の態度の変化や企業経営の失敗などのためにガーヴィーの運動は失速することになるが、黒人の政治的独立と経済的自立を明確に主張したガーヴィーの思想は、まちがいなく第二次世界大戦後のパン・アフリカニズムの一つの源泉となっている。

留学生ンクルマ

一九三五年十月、ンクルマはペンシルベニア州にあるリンカーン大学に到着した。リンカーン大学は、一八五四年に長老派の宣教師によって設立された最初の黒人大学で、当時三〇〇名ほどの黒人学生が学んでいた。

出発時に用意した資金はほとんど底をついており、これ以降、ンクルマはまさに苦学生の生活を送ることになる。夏休みなどの長期休暇期間中は学生寮に住むことができないため、最初の夏休みは大学の知人のつてでニューヨークのハーレムの黒人家族のところに転がり込み、魚売りをしたり石鹸工場で働いたりしてかろうじて生き延びた。翌年以降は船会社の住み込み給仕の仕事を見つけ、卒業までは三食付きの夏休みを過ごすことができたと自伝で語っている。ただ、それでもつねに学費は不足し、卒業時には学費未納のために学位授与がしばらく遅れたという。

リンカーン大学時代は、生活費をえるためのアルバイトの時間以外は読書と勉学に没頭していたようだが、夏休みをハーレムで過ごしたさいには、当時盛んにおこなわれていた街頭演説を熱心に聞き、また、ハーレム・ルネサンス▲の作家たちや黒人ナショナリストたちの書籍を多くそろえていたハーレムの書店では、金がないンクルマへの店主の好意で奥の部屋で多数の本を読んだという。

さらに、入学後数年をへると、のちにガーナの独立運動をともに担うことになるアコ・アジェイ▲など、ゴールドコーストやナイジェリアからの留学生があいついで入学する。上級生で少し広い部屋を与えられていたンクルマの部屋はアフリカ人留学生のたまり場となり、アフリカ文化とアフリカ植民地の独立をめぐって熱い議論が交わされた。

じつは、クワメという名前はこのときの議論の副産物らしい。ンクルマのンウィア・コフィという名のコフィはアカン系では金曜生まれの男子の名だが、ンクルマが夜遅く生まれたと聞いているというと、アコ・アジェイが、アカンの慣習では日付は日没とともに変わるから「日没後に生まれたのなら、われわ

▼ハーレム・ルネサンス　一九二〇年代にニューヨーク最大の黒人街となっていたハーレムで開花した黒人による文化運動。ラングストン・ヒューズ、カウンティ・カレンなどの作家、詩人やジャズのデューク・エリントンらが活躍し、黒人哲学者アラン・ロックらを中心として、黒人であることを誇りとする「ニュー・ニグロ」運動が展開された。一九六〇年代のアメリカ公民権運動の源泉である。

▼エベニーザー・アコ・アジェイ（一九一六～二〇〇二）　リンカーン大学でンクルマと出会う。イギリスで弁護士資格をとり、一九四七年に帰国、「統一ゴールドコースト会議（UGCC）」の創設メンバーとなりンクルマを書記長に推薦した。一九四八年のアクラ騒擾で投獄された「ビッグ・シックス」の一人。独立後は内務大臣、外務大臣を歴任したが、一九六二年、ンクルマ暗殺未遂事件への関与を疑われて投獄され、六六年のクーデタで釈放されたのちは、政治にはかかわらず弁護士活動に専念した。

れの文化では金曜日ではなく、土曜生まれだ。コフィは西洋暦の名前だ。土曜生まれならクワメではないか」といい、それに仲間たちが拍手したのだという。

活動家ンクルマの誕生

一九三九年、ンクルマはリンカーン大学で社会学の学士号を取得した。ついで奨学金のでるリンカーン神学校に進学し、平行してペンシルベニア大学の教育学の修士課程にも登録した。神学校進学は明らかに留学生活を続けるためのものだったが、一九四一年、優秀な成績で神学の学士号を取得し、同じ年、教育学の修士号も取得している。さらに一九四三年には哲学科で修士号を取得した。

ンクルマが政治的な活動を開始したのはこのペンシルベニア大学時代のことである。一九四一年にチャーチルとローズベルトによって発表された大西洋憲章は、ンクルマらアフリカ人留学生にとって、大戦後のアフリカ植民地の独立の展望を与えるものだった。そうしたなかでナイジェリア人学生たちを中心として一九四一年に結成されたのが「アフリカ人学生協会（ＡＳＡ）」だった。ンクルマはアコ・アジェイとともにこの協会に参加し、一九四二年には会長に選

▼ウィンストン・チャーチル（一八七四〜一九六五）　第二次世界大戦時および戦後のイギリス首相（在任一九四〇〜四五、五一〜五五）。アメリカの参戦をえるために大西洋憲章を受け入れたが、憲章の領土不拡大、民族自決条項はアジア、アフリカの植民地には適用されないとの立場をとった。

▼フランクリン・ローズベルト（一八八二〜一九四五）　アメリカ第三二代大統領（在任一九三三〜四五）。第二次世界大戦への不参加を公約として大統領に当選しており、大西洋憲章締結時にはまだ参戦していなかったが、対ナチス・ドイツ戦、対日戦へのアメリカの支援を拡大しており、大西洋憲章では連合国側の大義を示して参戦への足場を準備しようとした。

▼大西洋憲章　一九四一年八月、チャーチルとローズベルトが大西洋上の軍艦で会見して発表した共同宣言。大戦後の世界について、領土不拡大、民族自決、自由貿易、平和と人権など八項目がうたわれ、その後、連合国側の諸国によって支持が表明された。

ばれ、機関誌『アフリカン・インタープリーター』を創刊している。ASA自体は大きな組織ではなかったが、ンクルマにとっては政治的弁論の力を発揮する最初の場所となった。

ンクルマはこの頃すでに植民地の枠をこえた「西アフリカ合衆国」を構想するようになっていた。ASAの多数派を占めるナイジェリア人学生たちは、まず個別植民地の独立をめざすべきとの考え方が主流だったが、ンクルマは多数派のナイジェリア人学生たちを議論で圧倒して自らの主張をASAの方針として認めさせることに成功したという。

コミュニズムとの出会い

ンクルマはASAの活動のかたわら、黒人労働運動やデュボイスらのNAACP、ガーヴィー追放後もまだ組織は残っていたUNIAなどの黒人運動の活動家とも接触し、運動の組織についても学び始めていた。そのさい、パン・アフリカニズムとともにンクルマにとって重要な意味をもったのがコミュニズムとの出会いである。

▼C・L・R・ジェームズ（一九〇一〜八九）　トリニダード出身の作家、革命家。マルクス主義理論家、パン・アフリカニストとして活動し、ンクルマにも大きな影響を与えた。歴史家としても、フランス革命期に黒人指導者によって率いられたハイチ革命を取り上げた『ブラック・ジャコバン』（一九三八年）などの著作で知られている。

▼ウッドロー・ウィルソン（一八五六〜一九二四）　アメリカ第二八代大統領（在任一九一三〜二一）。第一次世界大戦に対しては当初中立の立場をとったが、一九一七年四月に参戦。

一九三〇年代はアメリカ共産党の活動がもっとも活発だった時代であり、黒人運動とも結びついていた。トロツキストから黒人ナショナリズムへと移行しつつあったトリニダード出身のC・L・R・ジェームズ▲と出会ったのもこの頃のことである。

ウィルソン▲が唱えたとされる民族自決の原則は、じつは第一次世界大戦末期の一九一七年に、十一月革命▲で誕生したソヴィエト政権が発表した「平和の布告」に対抗するために発表されたものだった。ウィルソンの「平和十四原則」の民族自決は、戦勝国のイギリス、アメリカ、フランスがすべてアジア、アフリカに植民地を有する国家であることから、必然的にヨーロッパ内部に限定されていたが、「平和の布告」は、民族自決はヨーロッパの被支配民族だけでなく全世界の植民地の諸民族にも適用されるべきものとしていた。また、大戦中にレーニン▲が発表し、植民地支配という政治的経済的現実を資本主義の帰結として分析した『帝国主義論』は、脱植民地化運動がコミュニズムと結びつく契機となった。ンクルマは自伝で次のように書いている。

私は植民地と帝国主義すべての問題を解決できる方式を発見することに力

同年の十一月にロシアで革命が起こり、ソヴィエト政権が「平和に関する布告」によって「無賠償、無併合、民族自決」にもとづく即時和平を提案し、ドイツと単独講和を結ぶと、戦後和平の主導権を握るために「平和十四原則」を発表した。

▼十一月革命　ロシア暦では十月革命。第一次世界大戦中の一九一七年三月に三月革命(ロシア暦では二月革命)で帝政が崩壊し、その後成立した臨時政府を倒して、レーニン率いるボリシェビキが権力を奪取した。これによってソヴィエト・ロシアが誕生した。

▼ウラジミール・レーニン(一八七〇〜一九二四)　十一月革命をレフ・トロツキー(一八七九〜一九四〇)らとともに率いた。第一次世界大戦を、世界を分割しつくした独占資本主義間の再分割闘争として分析した『帝国主義論』(一九一七年)、「プロレタリア独裁」をへて国家の死滅に導くものとしてソヴィエト政権を理論的に正当化した『国家と革命』(一九一七年)などの著作は、その後の社会主義運動に多大な影響を与えた。

を集中した。(中略)とくに印象づけられたのはマルクスとレーニンで、二人の哲学がこれらの問題を解決する力を持つことをはっきり知った。

ンクルマは、一九四三年にペンシルベニア大学の哲学の博士候補生となり、知人には論文を書きあげたとの手紙を書いているが、結局論文は提出されなかった。書きあげたという論文は、おそらくンクルマが一九四七年にロンドンで出版した『植民地解放に向けて』のもとになるもので、あまりにもコミュニズムに傾斜したその内容を指導教授が認めなかったのであろう。

第五回パン・アフリカ会議

一九四五年五月、ンクルマは一〇年間を過ごしたアメリカを離れ、ロンドンに渡った。博士論文をあらためて完成させることが公式の目的だったが、結局ほとんどの時間は植民地解放運動に費やされることになる。ンクルマの到着後、六月に国際連合▲が成立し、七月にはイギリスの植民地政策に批判的だった労働党が総選挙で勝利してアトリー▲内閣が誕生した。植民地独立への大きなうねりが起こり始めていた。

▼国際連合(United Nations)　一九四五年四月から六月にかけて開かれたサンフランシスコ会議で国連憲章が採択され、五一カ国が署名して成立した。第一条第二項では明確に民族自決の原則が掲げられているが、戦勝国である連合国の植民地のあつかいについては曖昧なままだった。一九六〇年十二月十四日の国連総会決議「植民地諸国、諸人民に対する独立付与に関する宣言」によってはじめて明確に植民地の自決権がうたわれた。

▼クレメント・アトリー(一八八三〜一九六七)　一九四五年七月に成立したイギリス労働党政権の首相(在任一九四五〜五一)。主要産業の国有化、「ゆりかごから墓場まで」といわれた社会保障制度の整備など、社会主義的政策を進めるとともに、一九四七年にインド、パキスタン、一九四八年にセイロン、ビルマの大英帝国からの独立を正式に承認した。

ンクルマをロンドンで迎えたのはＣ・Ｌ・Ｒ・ジェームズから紹介されたパドモアだった。パドモアは一九三四年にコミンテルンを追放されたのち、三五年にムッソリーニのエチオピア侵略に対する反対運動としてロンドンで結成された「国際アフリカ人アビシニア友の会（ＩＡＦＡ）」に参加し、パン・アフリカニストとしての活動を開始していた。ジェームズが中心になり、ケニヤのジョモ・ケニヤッタ、マーカス・ガーヴィーの最初の妻だったエイミー・ガーヴィー▲などが参加したこの運動は、世界恐慌後ＮＡＡＣＰからの資金がとだえたため事実上活動を休止していたデュボイスのパン・アフリカ会議運動にかわってパン・アフリカニズムの運動を再生させた。ＩＡＦＡは一九三七年にウォレス・ジョンソン、アジキウェが書記局に加わった「国際アフリカ人サービス・ビューロー（ＩＡＳＢ）」に引き継がれ、四四年にはイギリス領西アフリカ、東アフリカのアフリカ人組織の代表も加えて「パン・アフリカ連盟（ＰＡＦ）」が組織された。ＰＡＦは、漸進的、段階的な自治を求めるにとどまっていたデュボイスのパン・アフリカ会議運動と異なり、「アフリカ人、アフリカ系人の統一」「アフリカ人民の自治と独立」を明確に主張していた。大西洋憲章で掲げられ

▼エイミー・アッシュウッド・ガーヴィー（一八九七〜一九六九）　一九一四年にマーカス・ガーヴィーとともに「万国黒人改善協会（ＵＮＩＡ）」を創設、ＵＮＩＡの女性指導者として活躍する。一九一九年にマーカスと結婚するが二二年に離婚。一九三四年からロンドンでジャズ・クラブを経営しながらパン・アフリカニズム運動を支援し、第五回パン・アフリカ会議の組織にも参加した。

た「主権を奪われた者への主権の返還」がアフリカの植民地にも適用されることが求められたのである。

ンクルマはロンドン到着後まもなく、「西アフリカ学生同盟(WASU)」の活動に参加した。WASUは一九二五年にナイジェリアのラディポ・ソランケ▲らによって、人種差別のために困難に直面するアフリカ人留学生の支援とその状況改善を政府に要望するためにつくられた団体だったが、当初からアフリカ人ナショナリズムの拠点ともなっていた。

ンクルマはパドモアに誘われてPAFにも参加し、十月に予定されていた第五回パン・アフリカ会議の準備に中心的な役割をはたすことになる。ンクルマは、T・ラス・マコネン▲やピーター・エイブラハムズ▲らとともに、パドモアの家で趣意書の作成や招請状の送付などのために昼夜働いたという。ンクルマにとってこれは、コミンテルン時代からPAFにいたるパドモアの豊富な政治的経験と組織の方法を学ぶ貴重な経験となった。

第五回パン・アフリカ会議は一九四五年十月十三日から二十一日まで全世界から二〇〇名をこえる代表が集まってマンチェスターで開かれた。デュボイス

▼ラディポ・ソランケ(一八八六〜一九五八)　一九二五年にロンドンでシエラ・レオネのハーバート・バンコレ・ブライト(一八八三〜一九五八)らとともに「西アフリカ学生同盟(WASU)」を創設。一九二九年に西アフリカ人学生のための学生寮を開き、その寮長となった。学生寮はロンドンにおける西アフリカナショナリズムの拠点となった。

▼T・ラス・マコネン(一九〇〇〜一九八三)　南米ガイアナ生まれ。アメリカ、デンマークで学んだのち、一九三七年にロンドンに渡ってパン・アフリカニズム運動に参加し、ガーナが独立すると、パドモアとともにガーナのパン・アフリカニズム活動を中心になって担った。

▼ピーター・エイブラハムズ(一九一九〜二〇一七)　南アフリカ出身の作家、ジャーナリスト。一九三九年にイギリスに渡り、ンクルマらとの交遊をもち、第五回パン・アフリカ会議にも参加した。一九四六年に発表した長編小説『鉱夫』で作家として成功し、五六年の『ウドモへの花輪』ではロンドンにおけるパン・

●—第五回パン・アフリカ会議（一九四五年、マンチェスター）

●—ジョモ・ケニヤッタ（一八九三〜一九七八）　ケニヤの初代首相（在任一九六三〜六四）、初代大統領（在任一九六四〜七八）。一九二四年にギクユ人を中心としたナショナリスト組織「キクユ中央協会（KCA）」に参加し、二九年にKCAから派遣されてロンドンで土地問題などを訴えようとした。パドモアらと知り合い、パン・アフリカニストとして活動したのち、四六年に帰国して「ケニヤ・アフリカ人同盟」の党首となる。独立後は親西欧路線をとり一定の政治的経済的安定をもたらし、「ムゼー（長老）」として敬愛されたが、一九六九年以降は与党「ケニヤ・アフリカ人民族同盟（KANU）」の一党独裁体制のもとで反対派に対する政治的弾圧と、出身民族のギクユ人優遇などによってその後の民族対立の原因も生み出した。

アフリカニズム運動の時代を描いている。

が名誉議長となったが、会議の実質をつくりあげたのはパドモア、ンクルマらPAFのメンバーだった。会議で採択された宣言は、西欧資本による経済支配と搾取の廃絶、教育の普及など社会的条件の改善要求とともに、はじめて植民地アフリカの独立要求を打ち出し、植民地解放のためには最後の手段として武力を行使する可能性さえをも認めている。しかし、この会議が画期的だったのは、アフリカのナショナリズム運動と労働組合運動の代表が多数参加していたことだった。十月はじめにパリで世界労働組合会議がおこなわれており、パドモアはそれにあわせてパン・アフリカ会議を開催することで、パン・アフリカニズム運動を知識人による単なる誓願や宣言ではなく、アフリカの労働運動、ナショナリズム運動と結びついたものへと飛躍させようとしたのである。

西アフリカ国民事務局

会議終了後、会議が指し示した方向性を具体化するために、ンクルマはウォレス・ジョンソンらとともに一九四五年十二月に「西アフリカ国民事務局（WANS）」を設立した。WANSは機関誌『ニュー・アフリカン』を発行して統一西アフリカの独立を主張し、フランス領西アフリカのアフリカ人との連携も試みている。WANSは「西アフリカ国民会議」の設置を呼びかけ、そのために一九四八年にラゴスで第二回の「西アフリカ会議」を開催することを企画した。しかし、次章で述べるように、前年の一九四七年にンクルマがゴールドコーストに帰国したため結局この計画は実現しなかった。

ンクルマは一九四七年に『植民地解放に向けて』というパンフレットを出版した。植民地支配国の偽善を厳しく批判し、経済的搾取の廃絶と政治的独立のをめざしてアフリカの労働者階級が団結して共同戦線を構築することを呼びかけるこのパンフレットは、明確にンクルマが学んだマルクス主義を背景としている。さらに、ンクルマはWANSのメンバーのうち彼に忠誠を誓う者たちを集めて「西アフリカの統一と民族独立のための革命的前衛」として「サークル」というグループをつくっている。ンクルマのゴールドコースト帰国によってほとんど活動の実態はないまま消滅したようだが、自伝にも付されているその綱領は、ンクルマが「西アフリカ社会主義共和国連邦」のための自らを指導者とする前衛党を構想していたことを示している。

③—ガーナ独立への道

統一ゴールドコースト会議

そして新たな転機が訪れる。一九四七年九月、先に帰国していたアコ・アジェイから、ゴールドコーストで結成されることになった「統一ゴールドコースト会議（ＵＧＣＣ）」の書記長への就任を打診する手紙が届いたのである。

第二次世界大戦は、イギリスやフランスなどの衰退を誰の目にも明らかにしただけでなく、植民地宗主国と植民地の関係を大きく変える契機になった。一九四一年の大西洋憲章、四五年の国連憲章は事実上反故《ほご》となっていた国際連盟の「民族自決」を大戦後世界の基本原理としてふたたび掲げ、それは植民地のナショナリズムを強くあと押しするものだった。ベトナム、インドネシアでは、日本の敗戦後再占領を試みたフランス、オランダに対する独立戦争が始まっており、イギリス領においてもインドは八月にすでに独立を達成していた。

ゴールドコーストでは、一九三〇年に伝統首長層出身エリートのオフォリ・アッタ一世▲やその弟でイギリスで学位を取得した弁護士のダンカー▲らの呼びか

▼ナナ・サー・オフォリ・アッタ一世（一八八一〜一九四三）　ガーナ東部に位置するアチム・アブアクワ王国の王（在位一九一二〜四三）。ミッション・スクールで教育を受け、王国の栄光の回復のために王室の近代化に力をそそいだ。一九一六年にアフリカ人で最初のゴールドコースト立法評議会議員となった。

▼ジョセフ・Ｂ・ダンカー（一八九五〜一九六五）　オフォリ・アッタ一世の弟。ロンドンで哲学と法学を学び、博士号を取得した。一九二七年に帰国後し、弁護士として活動しながらナショナリズム運動を率いた。一九四七年にＵＧＣＣを結成したが、ンクルマと対立し、その後生涯ンクルマの政敵だった。一九六五年に予防拘禁法によって拘禁中に病死。ガーナという国名を最初に主張したのはダンカーだったという。

ジョセフ・B・ダンカー

▼アラン・バーンズ（一八八七～一九八〇）　イギリスの植民地行政官。ナイジェリアなどで勤務したのち、一九四二年から四七までゴールドコースト植民地総督を務めた。

けで、かつて対立していた新興エリート層と伝統首長層が共同するかたちで「ゴールドコースト青年会議（GCYC）」が開かれ、アフリカ人の植民地行政への参加を拡大する憲法改正を求める動きが始まっていた。こうした動きと、大戦後の植民地自治拡大の流れに対応するために、一九四六年にアラン・バーンズ▲総督によって憲法改正がおこなわれ、立法審議会のアフリカ人議員枠がふやされた。しかし、立法審議会には諮問機関的役割しか与えられておらず、実権はあい変わらずイギリス人行政官の手のなかにあった。

　UGCCは一九四七年、ダンカーらアフリカ人エリートたちによって結成され、バーンズ憲法を批判し、アフリカ人による自治政府を求めていた。しかし、イギリス人による行政と商業権益の独占に対して強い不満をもっていたとはいえ、彼らは植民地体制のなかで既得権益をもつエリート層であり、急激な体制変革は望んでいなかった。ンクルマはそうした保守的既得権益層への不信から、いったんは誘いを断ることを考えるが、「西アフリカ国民事務局」のメンバーとの議論をへて、「一つの出発点になるかもしれない」として書記長就任を受け入れることになった。

一二年ぶりに帰国したンクルマは、さっそく綱領をつくり、活動を開始した。ンクルマの示した行動計画は、［第一段階］全国に支部を設置し、政治教育をおこなう、［第二段階］組織力の確認のための全国規模のデモンストレーションの展開、［第三段階］独立に向けての憲法会議の招集と、全国規模のデモンストレーション、ボイコット、ストライキをとおした自治政府設立の要求、というものだった。

アメリカとロンドンで蓄積した経験と、驚異的な活動量、そしてすでにアメリカ時代から発揮されていたたくみな弁舌と人を引きつける魅力によって、ンクルマはそれからわずか六カ月で、それまで実質的な組織をもたなかったUGCCに、直轄植民地だけで五〇〇の支部を設立することに成功している。

会議人民党の結成

第二次世界大戦中、イギリスは戦争継続のために物資、人員の両面でアフリカ植民地に大きく依存した。ゴールドコーストでも、カカオ▲などの農産物や錫、ボーキサイトなどの鉱産物の輸出が大幅に増加し、約六万五〇〇〇人の若者が

▼**カカオ**　南米が原産地のカカオは十六世紀にスペイン人によって持ち帰られ、十七世紀に上流階級でココア飲料が流行するとカリブ海で栽培されるようになった。十九世紀になると生産地はアフリカが中心となり、ガーナでは一八七九年にテテ・クワシという鍛冶屋が最初に栽培を始めたといわれている。ガーナ南部の気候が栽培に適し、一度育てると三〇年くらい実をつけた。現金収入をえられるため、小農民に歓迎され、二十世紀初頭までに急速に生産が拡大。ガーナは一九一一年には世界最大のカカオ生産国となった。現在も同国の輸出収入の約三分の一を占めている。

ビッグシックス　二〇〇七年から使用されているガーナのセディ紙幣にはビッグ・シックスの肖像が描かれている。上段左からンクルマ、オベツェビ・ランプティ、エドワード・アクフォ・アッド、下段左からダンカー、アコ・アジェイ、ウィリアム・オフォリ・アッタ。

兵士として動員された。経済活動の活発化とともに都市化が急速に進行したが、都市部の生活に欠かせない輸入品は割当制によって価格が高騰し、さらに戦後、戦地からもどった多数の帰還兵が都市の若者の失業問題を悪化させていた。

ンクルマがＵＧＣＣ書記長としての活動を始めてまもなく、蓄積していた都市の民衆の不満が爆発するできごとが起こる。一九四八年一月、価格高騰に抗議して輸入品不買運動が起こり、さらに二月末には、復員兵のデモに警官隊が発砲して死者がでたことをきっかけに各地で暴動が発生したのである（アクラ騒擾）。ンクルマもＵＧＣＣもこの動きには無関係だったのだが、突然の状況の不安定化に驚いた植民地当局は、急速に勢力を拡大していたＵＧＣＣが背後にあると考え、ンクルマ、ダンカー、アコ・アジェイらＵＧＣＣ指導部六人を逮捕、拘禁した。この逮捕が独立への巨大なうねりの出発点となったことから、彼らは建国の「ビッグ・シックス」としてのちに顕彰されることになる。実際、この逮捕によってＵＧＣＣへの支持はさらに拡大し、三月から五月までの三カ月で加入者数は二五倍に増加した。

しかし、この事件はンクルマとダンカーらとの間の亀裂を深めるきっかけともなった。ンクルマがダンカーら既得権益層に対する不信をもっていたのと同様、ダンカーらも社会主義的傾向のあるンクルマを警戒していた。ダンカーらは、逮捕、拘禁を経験したことによってンクルマの急進的な手法を危険視するようになったのである。

事件後、イギリス政府は調査団を派遣し、事件の背景の調査をおこなわせた。調査団は六月に報告書を発表し、事件の背景に民衆の植民地体制に対するさまざまな不満があることを認め、バーンズ憲法にかわる、より民主的な憲法がアフリカ人自身によって制定されるべきと勧告した。しかし同時に、ンクルマが保持していた「サークル」の綱領などを理由に、「ンクルマは『西アフリカ社会主義共和国連邦』をめざすコミュニストである」との報告もおこなった。ダンカーらUGCC指導部はンクルマを非難し、書記長から会計係に降格するという決定をくだした。調査団の勧告に従って一九四九年一月、イギリス政府がアフリカ人判事クーシー▲を委員長とし全員アフリカ人からなる憲法制定委員会を任命したさいには、「ビッグ・シックス」のうち五人が指名されたが、ンクルマだけが排除された。

▼**サー・ヘンリー・クーシー**（一八九五〜一九五八）　イギリスで法曹資格をとり、一九四三年にゴールドコースト高等法院判事となった。一九四九年、憲法制定委員会の委員長に任命され、その報告が五一年憲法の基盤となった。

しかし、この間にンクルマは機関誌として「アクラ・イヴニング・ニュース」を発刊し、三〇年代からすでに広がり始めていた各地の文芸クラブや青年組織などを一つの組織に統合して、グベデマ▲を委員長とする「青年組織委員会（CYO）」を組織していた。ンクルマは、政治を一握りのエリートの手から大衆のものへと変えていった。都市に流入し続ける若者層は、失業と物価高騰のために強い不満をもっていたが、ダンカーら既得権益層はこうした「もたざる」若者たちの不満を受け止めることができなかった。富裕層の使い走りをし、住居をもたないために富裕層の家のベランダで寝泊まりすることから「ベランダ・ボーイズ」と呼ばれた若者たちは、彼らの不満を理解して明確に言語化し、強力な政治運動を組織することのできるンクルマを熱狂的に支持した。「ベランダ・ボーイズ」たちはUGCC指導部によるンクルマ排除に怒り、両者の亀裂は決定的になっていった。

一九四九年六月、CYOは全国会議を開いてUGCC指導部との関係について討議し、ついにUGCCと決裂し、新しい政党をつくることを決議した。「会議人民党（CPP）」である。六月十二日にアクラで六万人を集めておこな

▼コムラ・グベデマ（一九一三〜一九九八）　一九四七年、UGCCに参加しCYOのリーダーとして活動、CPPの結成に中心的役割をはたした。一九五一年の総選挙では獄中のンクルマにかわって選挙戦を率い、CPPを勝利に導いた。以後、ンクルマ政権で厚生労働大臣、産業通商大臣を歴任し、一九五四年から六一年までは財務大臣としてアコソンボ・ダムへの融資獲得などに貢献した。しかし、ンクルマのパン・アフリカニズム、社会主義への傾斜に批判的であったため六一年に更迭され、その年末に亡命した。

われた結成大会でンクルマは「ただちに自治政府を！(Self-Government NOW!)」というスローガンを掲げ、そのためのストライキ、ボイコットなどあらゆる非暴力不服従の活動による「積極行動(Positive Action)」の方針を示した。ンクルマのカリスマとCYOを率いていたグベデマ、ボツィオ▲らの組織力によって、CPPは十二月までに急速に拡大していった。

▼**コジョ・ボツィオ**（一九一六〜二〇〇一）　CPPの創設メンバーであり一九五〇年の「積極行動」ではンクルマとともに投獄された。独立後は外務大臣を務めるなど、ンクルマ政権の中枢を担った。一九六六年クーデタで逮捕され、釈放後亡命、ギニアのンクルマに合流し、その死まで付き添った。一九七二年にンクルマの遺骸とともに帰国したが、七三年、反政府陰謀の嫌疑で投獄され七七年まで拘禁。その後も最後までンクルマ派として活動し続けた。

積極行動

一九四九年十月にクーシー委員会が憲法草案を示し、イギリス政府はおおむねそれを受け入れたかたちで翌年、新憲法案を提示した。いわゆるクーシー憲法である。それによれば、立法審議会はイギリス人官吏三名、鉱業・商業会議所代表六名、伝統首長指名議員三七名、都市部直接選挙選出議員五名、地方間接選挙選出議員三三名からなり、行政府はイギリス人官僚大臣三名、アフリカ人大臣八名で構成され、議会に対してだけでなく、植民地総督に対しても責任を負うことになっていた。

UGCCはそれを歓迎したが、ンクルマはこれを「欺瞞的で不正」であると批判し、即時の完全な自治を求め、一九五〇年一月、「積極行動(Positive Action)」の開始を宣言した。前年に結成されていた「労働組合会議(TUC)」がまずストライキを宣言し、続いて全分野におけるゼネストが始まった。植民地行政府はこれを阻止しようとしたがはたせず、一月十一日に非常事態を宣言し、一月二十一日までに労働組合運動指導者、ボツィオらCPP指導部の主要なメンバーを逮捕し、二十二日にはンクルマが逮捕された。裁判でンクルマは一年の刑を三件いい渡され、計三年収監されることになった。

しかし、この措置も逆効果だった。CPPへの支持はさらに広がっていった。ンクルマはトイレットペーパーに指示を書き込んで、支持者の刑務官の手をへて秘密裏にグベデマにわたし、獄中から党の活動を指導した。CPPは四月のアクラ市評議会選挙、十一月のクマシ町評議会選挙で全議席を獲得して勝利した。クーシー憲法にもとづく総選挙は一九五一年二月に予定されていた。CPPは合法的に主導権を握るために選挙戦に参加し、ンクルマ自身も獄中から立候補した。着任したばかりの植民地総督チャールズ・アーデン・クラーク▲が、CPPへの民衆の圧倒的支持をみて、ンクルマの立候補を認めたのである。

▼サー・チャールズ・アーデン・クラーク(一八九八〜一九六二)　イギリスの植民地行政官。ゴールドコースト植民地の最後の植民地総督を務めた(在任一九四九〜五七)。

一九五一年二月十二日、釈放されるンクルマを歓呼する群衆　中央の白い丸がンクルマ。

二月八日におこなわれた総選挙の結果は圧倒的だった。ＣＰＰは選挙で選出される三八議席のうち三四議席を獲得したのである。総督はンクルマの釈放を決め、二月十二日、ンクルマは収監されていたジェームズ要塞の前に集まっていた大群衆に歓呼の声でむかえられた。

ＣＰＰ政権の誕生

釈放の翌日、ンクルマは総督から新憲法にもとづく「政府事務首班」として組閣を命じられた。ＣＰＰ政権の誕生である。

一九四七年に出版された『植民地解放に向けて』においてンクルマが描いていた見取り図は、まず植民地支配からの政治的独立を達成し、政治的主権を行使して経済システムの従属性を変革することだった。しかし、状況はまだ政治的独立にはほど遠いものだった。クーシー憲法では、ンクルマの権限は総督の監督下にあり、外交・防衛、財務、司法についてはイギリス人官吏の指名ポストとなっていた。さらに、行政機構は八〇%以上がイギリス人官吏からなっており、旧体制の既得権益層とのつながりのほうが強かった。

一九五一年の最初のンクルマ内閣

イギリス政府が望んでいたのは、従来どおり維持することが困難になっていた植民地体制から、政治的には徐々に撤退しつつ、経済システムは維持し続けることだった。それゆえ、既存の経済システムに敵対的な「もたざる」民衆層から圧倒的な支持を受け、社会主義的傾向をもつンクルマに指導されたＣＰＰの勝利は、イギリス側に危惧を抱かせていた。譲歩を引き出すためには、彼らを安心させる必要があった。既得権益層との不必要な軋轢も回避しなければならなかった。そのためにンクルマがとったのが「戦術的行動(Tactical Action)」だった。当面社会経済システムの急激な変革をおこなわず、経済発展と教育、生活環境などの整備を進めつつ、行政機構を掌握していくことが課題となった。

ＣＰＰ政権の立案した五カ年計画では、予算の三分の一は道路、港湾、鉄道などの経済インフラの整備にあてられ、三分の一は教育、医療、住居、水道などの社会サービス部門にあてられた。病木対策などのカカオ産業振興、労働者の雇用対策なども積極的におこなわれ、教育については、無償の初等教育の義務化、中等教育の拡充が進められた。さらに一六の教員養成学校がつくられ、

一九五八年、アクラ近郊のカカオ農園でカカオの鞘から実を取り出す労働者

現在のガーナ大学、ンクルマ科学技術大学の前身となる大学もつくられている。行政官のアフリカ人化も進められていった。アフリカ人官吏の割合は、一九四九年の時点で一三・八％だったのが、一九五四年の時点では三八％に増加している。

この時期のCPP政権の成果はめざましいものであり、左右双方からの批判はあったが、多くの層にとって全般的には希望に満ちた時代だった。ただ、すでにその後のンクルマ政権が抱える問題の一部もあらわれ始めていた。

CPP政権は、鉱業部門、商業部門については外国資本の制限はおこなわなかったが、輸出額の過半を占めるカカオに関してはその収入の掌握に乗り出した。イギリスは、第二次世界大戦中にカカオ流通を直接管理するようになり、一九四七年に、業者が生産者から買い付けたカカオを公定価格で買い取り、その輸出をすべて管理するカカオ・マーケティングボードを設置していた。名目としては国際価格の変動から生産者を守るために国際価格と公定価格の差額を備蓄することが目的だったが、実際には政府税収を安定的に確保する手段ともなっていた。CPP政権は、その政府税収の比率を拡大し、政府の施策の重要

カカオ国際価格に占める、政府税収およびマーケティングボード収益の割合(%)

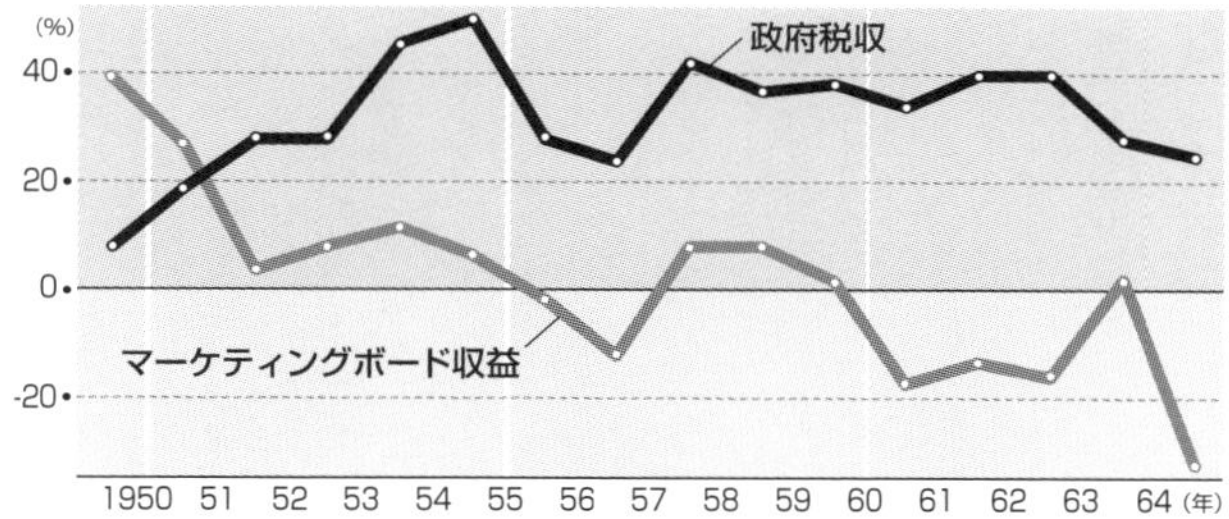

出典：高根務,「独立ガーナの希望と現実－ココアとンクルマ政権, 1951-1966年」, 国立民族学博物館研究報告 3(1), 2006, p.7より作成

な財源としたのである。さらに、カカオの買い付けをほぼ独占する「カカオ買い付け会社」を設立し、マーケティングボードと買い付け会社の主要ポストにCPP党員を就任させた。これは、CPPの政権基盤をさらに強化することに貢献したが、のちにはその利権をめぐるCPP党員の腐敗と汚職を生み出す原因にもなっていった。

また、既得権益層との対立を最小限に抑えようとしながらも、CPP政権は地方行政については大きな制度変更をおこなった。間接統治制度のもとで、地方行政はイギリス人行政官の監督下で伝統首長がおこなっていたが、この地方行政官の権限を選挙で選ばれる地方評議会に移したのである。一九五二年はじめにおこなわれた地方評議会選挙ではCPPが圧勝し、これもCPPの政権基盤を強化したが、権限を奪われた首長の不満を醸成することにもなった。

「積極行動」による即時独立要求から、「戦術行動」による既得権益層との妥協への「右旋回」を、労働組合活動家などのCPP急進派は厳しく批判したが、ンクルマはそうした党内反対派を排除し、強力な指導体制をつくりあげていった。一般大衆のンクルマへの支持は圧倒的だったが、それはのちに個人崇拝と

名誉博士号を受けるンクルマ(一九五一年)

▼アラン・レノックス・ボイド(一九〇四〜八三)　イギリス保守党の政治家。一九三一年に国会議員となり五四年から五九年まで植民地大臣を務めた。

して批判される政治スタイルの土壌となり、党内の批判の排除は党を惰性化することにもつながっていった。

一九五四年総選挙と地域、民族問題

総督の監督下にあるとはいえ、植民地行政のトップにアフリカ人がついたことは大きなニュースとなった。ンクルマは一九五一年六月、母校のリンカーン大学から名誉博士号を授与され、それはンクルマの外交へのデビューの機会となった。アメリカでは黒人有力者層のほか国務省、国連信託理事会などと接触し、テレビにも出演してゴールドコーストへの投資を呼びかけた。帰路立ち寄ったロンドンでは、その年まで首相職にあった労働党のアトリーのほか、のちに植民地大臣としてガーナ独立を認めることになる保守党のレノックス・ボイド▲などとも会っている。それはンクルマとCPPの社会主義的傾向に危惧を抱いていたアメリカ、イギリスの保守層に一定の安心感を与える機会にもなり、独立への道程をよりスムーズなものにする一助ともなった。

一九五二年三月、イギリス政府はCPP政権の要求にこたえるかたちで「政府事務首班」の名称を「首相」に変える憲法修正をおこなった。実質的な権限に変わりはなかったが、「アフリカ人による政府」というイメージは強化された。さらにＣＰＰ政権は自治をより完全なものとするための憲法改正案を作成し、五三年七月十日、立法審議会で満場一致で採択された。イギリス政府はこれを受け入れ、総選挙は翌年六月におこなわれることとなった。

一九五四年六月十五日におこなわれた総選挙で、ＣＰＰは一〇四議席中七二議席を獲得して圧勝した。ダンカーら旧ＵＧＣＣ指導部が結成し、社会学者のブシア▲を党首とした「ガーナ会議党（ＧＣＰ）」は、内部対立と組織力の弱さのためにダンカーは落選し、獲得できたのは党首のブシアの一議席だけだった。

この選挙の結果は独立をさらに近づけるものだったが、同時に、地域や民族を基盤とする政党など、ＣＰＰ政権に対する反対勢力が大きな不安定化要因として登場した。

まず、北部州とトランスヴォルタ・トーゴランドの問題があった。北部州は、早くからイギリスの影響を受けてきた南部とは文化的に異なるだけでなく、経済開発からも取り残され、南部によって支配されることに対する抵抗があった。

▼**コフィ・ブシア**（一九一三〜七八）　ロンドン大学、オックスフォード大学で学び、人類学の博士号を取得。帰国後、一九五二年に首長層や保守層と結んでＧＣＰを結成。ガーナ独立後も「統一党（ＵＰ）」を結成してＣＰＰ政権に対抗しようとしたが、予防拘禁法施行後、一九五八年に亡命。一九六六年のクーデタ後に帰国、六九年の総選挙で「進歩党（ＰＰ）」を率いて勝利し、首相となった。西側寄りの政策をとったが、政治腐敗、経済破綻を止められなかっただけでなく、アカン系優遇策に対する反発もあり、一九七二年、クーデタで失脚した。

「北部人民党(NPP)」は選挙直前の四月に結成されたばかりだったが、北部州の二六議席のうち一二議席を獲得した。CPPに対して敵対的なイスラーム教徒の政党「イスラーム協会党(MAP)」も一議席を獲得した。

トランスヴォルタ・トーゴランドは、第一次世界大戦でドイツが敗北したことで、ドイツ領トーゴランドがイギリスとフランスの委任統治領として東西に分割され、イギリス側がゴールドコースト植民地に編入されたものである。トーゴランドでは旧ドイツ領トーゴランドの再統合を主張する「トーゴランド会議(TC)」がヴォルタ地方一三議席中三議席を獲得し、TCに反対しイギリス領フランス領の両方に居住する南部のエウェ人▲の統合を主張する「アンロ青年機構(AYO)」が一議席を獲得した。

トーゴランド問題については、選挙後、ゴールドコーストの独立はもはや時間の問題と考えたイギリス政府が、国連にトーゴランドの信託統治を終了してゴールドコーストに統合することを申請し、これを受けて国連が住民の意思確認をおこなうことになった。一九五六年九月におこなわれた住民投票では、エウェ人が多い南部では五八%が統合に反対したが、非エウェ人の多い北部では

▼**エウェ人**　ガーナ東南部からトーゴ南部、ベニン南西部にかけて居住する民族。十九世紀末の植民地分割でイギリス領とドイツ領に分割され、第一次世界大戦後東部はフランス支配下にはいった。第二次世界大戦後、民族自決を掲げてエウェ人の統一運動が展開された。しかしガーナとトーゴに分かれて独立することとなり、エウェ人の統一をめざすトーゴ初代大統領オリンピオはンクルマと対立した。

七八％が賛成し、統合賛成が多数を占めた。その結果、一九五七年の独立時にトーゴランドは新生ガーナに統合されたが、これを不満とするＴＣは独立式典をボイコットしている。

さらに大きな問題が最大の人口をもつアシャンティ州の問題だった。アシャンティ州では、一九五一年の地方行政見直しによって権限が剥奪されたことへの首長層の不満に加えて、ＣＰＰ支持層でも五三年の憲法改正による選挙区見直しにより議席数が不当に少なく抑えられたという不満があった。一九五四年総選挙では、アシャンティ州でもＣＰＰの立候補希望者が多く、候補者調整が難航したあげく、調整を受け入れずに無所属で立候補する党員が八一名に達した。ンクルマは全員を除名したが、その大部分がアシャンティ州の候補者だった。もともとアシャンティ州では海岸部の旧直轄領に主導権を握られていることに不満があったが、ＣＰＰ指導部とアシャンティ州のＣＰＰ党員との対立は、彼らと首長層をアサンテ・ナショナリズムによってふたたび結びつけることになったのである。

国民解放運動と一九五六年総選挙

こうしたなかで、一九五四年九月、かつてのアサンテ王国の首都クマシに四万人が集まって結成されたのが「国民解放運動(NLM)」である。NLMは伝統文化、伝統首長の尊重と、地方自治政府の設置を主張した。アシャンティ州評議会の首長たちもNLMへの全面支持を表明し、さらにイギリス女王に対して連邦制憲法の付与を誓願した。CPP分裂派はCPPの大衆運動の手法をNLPの組織に持ち込み、「CPPの独裁と共産主義的手法を粉砕せよ」というスローガンを掲げた。アシャンティ州では、クマシを中心にCPPの事務所やメンバーに対する攻撃が始まり、暴力的対立は脅迫、放火、そしてついには殺人や爆弾事件にまで発展していった。

対立軸は、ンクルマの主張する中央集権的な統一政府か、NLMの求める連邦政府か、だった。ンクルマにとって、連邦制による中央政府の権限の弱体化は、政治的経済的自立という目標を危うくするだけでなく、地域主義、部族主義による混乱の危機をもたらすものにほかならなかったが、連邦派、とくにアサンテ・ナショナリズムにとっては、中央政府への従属は受け入れがたいものだった。

事態の打開のためにイギリス政府が一九五五年九月に派遣した調査団は、ゴールドコーストのような小規模な国には連邦制はそぐわないとしながらも、地方議会に一定の権限を与える折衷案を勧告した。しかしＮＬＭはこれを拒否し、統一政府か連邦制かを問うための再選挙を要求した。暴力的対立は続いており、十一月にはンクルマの自宅に爆弾が投げ込まれる事件さえ起こっていた。結局植民地相のレノックス・ボイドはあらためて民意を問うための再選挙の実施を決めた。

七月十五日におこなわれた選挙の結果は、ＣＰＰが一〇四議席中七一議席を獲得してふたたび圧勝した。ＮＬＭが効果的に大衆を組織化できず、ＣＰＰの圧倒的な組織力に対抗できなかったのが大きな原因だが、ＮＬＭが色濃く示すアサンテ・ナショナリズムが、ＣＰＰに対してかならずしも好意的ではないはずの地方でも警戒感を呼び起こしたという側面もあった。

一九五六年八月、ンクルマは立法審議会で新国名をガーナとする独立の動議を提出し、野党議員が欠席するなかで動議は採択された。九月十八日、イギリ

一九五七年三月六日、独立式典で演説するンクルマ

ス政府は翌一九五七年三月六日をもって独立を付与することを決定した。イギリス政府が最終的に示した憲法は、中央政府と国民議会の強い権限は残しつつ、地方評議会にも一定の権限を与える折衷的なものだった。

内政の掌握

一九五七年三月六日、ガーナはサハラ以南のアフリカで植民地支配を脱した最初の独立国となった。独立式典には数万の人々が集まり、本書冒頭で紹介したンクルマのスピーチは歓呼の声でむかえられた。

しかし、一九五四年の総選挙以来二年あまりにわたった混乱は、独立を獲得したばかりの政権に困難な課題を残すことになった。トーゴランド南部では、独立式典に参加しようとした民衆とそれを阻止しようとするトーゴランド会議(TC)のメンバーの衝突が暴動にまで発展し、軍を派遣して鎮圧しなければならなかった。アクラでは独立直後から地元のガ人がCPPと対立し、民族政党「ガ・シフィモ・クペ」が反政府活動を開始した。アシャンティ州など植民地時代の間接統治制度のもとで首長や地方評議会に大きな権限が与えられていた

ブロン・アハホ州

地方では、一九五一年以来首長権限を制限し、地方行政を中央政府の支配下におこうとしてきたＣＰＰに対する敵対行為もさまざまなかたちで続いていた。とくにクマシは、ンクルマや政府閣僚が訪れることも困難な状況だった。

ンクルマ政権は、まず中央政府の支配を確立しなければならなかった。中央政府の支配を受け入れないクマシ市評議会は権限を停止され、混乱するアクラ都市評議会も同様の措置を受けた。東部州のアチム・アブアクワの首長など、中央政府に敵対的な首長は公認を取り消された。さらに、アシャンティ州を分割して新たにブロン・アハホ州をもうけ、アサンテ・ナショナリズムの影響力の範囲を制限した。ブロン、アハホの人々は、かつてアサンテ王国の支配下に組み入れられていたため、植民地の間接統治制度のもとではアシャンティ州に組み入れられていたが、一九五六年総選挙では圧倒的にＣＰＰを支持していた。

治安立法もあいついでおこなわれた。十二月に施行された「差別防止法」は、特定の部族、人種、宗教にもとづく組織を禁止するものだったが、ブシアはそれに対抗して、非合法化される政党を糾合し、法律の施行前に「統一党(ＵＰ)」を結成した。

▼**ジャワハルラール・ネルー**（一八八九〜一九六四）　インド初代首相（在任一九四七〜六四）。独立直後の混乱を非常事態宣言に訴えることなく治安を維持するために、共和制憲法施行直後の一九五〇年二月に予防拘禁法を制定した。当初一年間の時限立法だったが、六九年まで延長された。

ガーナの初等教育学校数

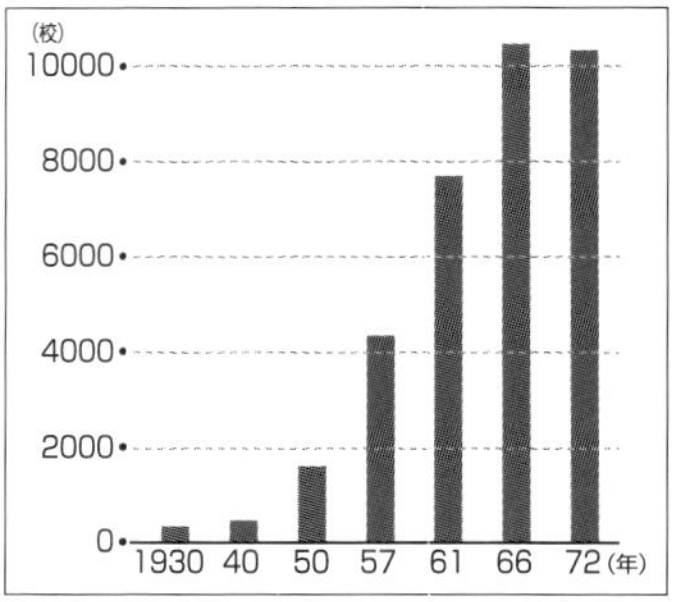

そして、さまざまな措置にもかかわらず各地で続く政情不安に対して、一九五八年六月にンクルマ政権が導入したのが「予防拘禁法」である。これによってガーナの治安、国防、外交に害を及ぼす恐れのある人物を五年間裁判なしで拘禁できることになった。ブシアは「生命の危険」を理由に亡命した。

「予防拘禁法」はンクルマの「独裁化」が語られるときかならず引き合いに出される法律だが、暴力が政治の言語になってしまっていた状況のなかで、秩序を回復し、新しい国家を安定させるための措置として、やむをえない側面もあった。参考にされたのはインドのネルー▲が、宗教、言語などをめぐる対立が暴力に結びつくなかでとった措置だった。また、一九六一年以降、経済危機が政治危機に結びつき、暗殺未遂事件があいつぐようになるまでは、その運用も抑制されたものだった。この法律によって独立前から続いていた各地の暴力が押さえ込まれ、当面の秩序の回復と安定がえられたことは確かだった。

社会経済政策

治安回復の努力と並行して進められた社会経済政策は、多くは独立前から取

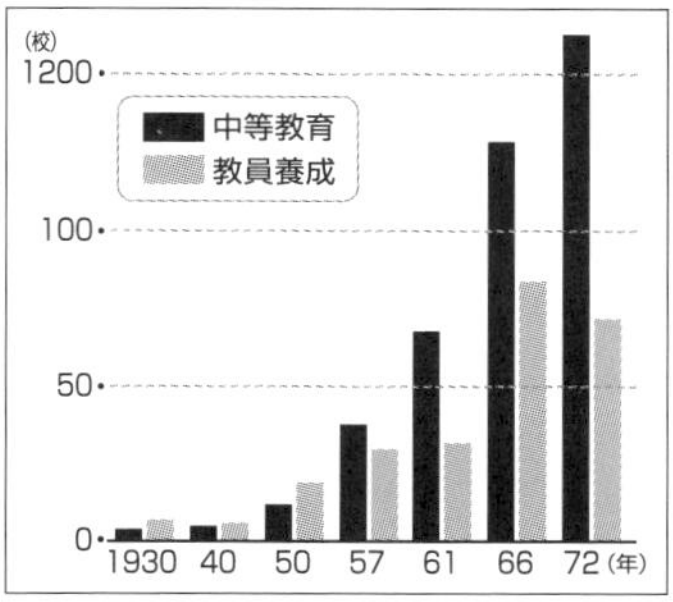

ガーナの中等教育学校と教員養成学校数

り組まれていたものの継続だった。独立時二億ポンドに達していた外貨準備と比較的高い水準を維持していたカカオ価格が大胆な計画を可能なものにみせた。

社会政策の分野においては、すでに第二次世界大戦後とは比較にならない水準の達成が成しとげられていたが、それは独立後もさらに推し進められた。教育においては、一九五〇年に一五九二校だった小学校数は、六一年には七六六〇校にふえ、政府公認の中学校数は五〇年の一二校から六一年には六八校にふえている。高等教育についても、ガーナ大学、クマシ芸術科学工科大学の充実がはかられ、両大学は六一年には総合大学となった。医療分野では、新たな病院、保健センターがつくられ、天然痘、結核などの伝染病撲滅のキャンペーンも展開された。都市部の住宅事情の改善のための住宅建設も進められた。現在ガーナ最大の港となっているテマ港の建設もこの時期に始まっている。

ンクルマは社会主義を標榜していたが、独立当初はほとんど社会主義的な政策はとっていない。ＣＰＰ左派のなかでは鉱山の国有化や流通過程からの外国人の排除を主張する者もあった。しかし、当初ンクルマはそうした政策はとらず、カカオ依存経済から脱却するためには工業化が必須であり、そのためには

▼**コモンウェルス**　イギリスと歴史的つながりのある国家の連合であるイギリス連邦(Commonwealth of Nations)と、そのなかでイギリス君主を国家元首とする国々の総称イギリス連邦王国(Commonwealth realm)があるが、ガーナは一九六〇年にンクルマを国家元首とする共和国となるまでイギリス連邦王国に属していた。

外国資本の導入が不可欠であると考え、外国資本から警戒されるような政策は回避していた。外交的にも非同盟中立主義を掲げ、コモンウェルス▲にも加盟するなど英米協調政策をとっていた。

その最大の成果ともいえるのがこの時期に開始されたヴォルタ川プロジェクトである。ヴォルタ川に水力発電ダムを建設してその電力によって工業化を進めようという計画は、一九二〇年代からすでに存在していた。ンクルマはこの計画を、ガーナをカカオ依存のモノカルチャー経済から脱出させるための切札と考えて、独立前からその実現をはかっていたが、このような大規模な事業は外国資本の参加なしには不可能だった。一九五八年のンクルマのアメリカ訪問がこの計画が具体化するきっかけとなった。アメリカのカイザー社が参入を決め、アメリカ政府、世界銀行の融資を獲得して一九六一年にアコソンボ・ダムの建設が始まったのである。アコソンボ・ダムは現在でもガーナの電力の六〇%を供給しているが、その建設資金はその後のンクルマ政権に重くのしかかっていくことになる。二億ドル以上にのぼる建設資金の半分はガーナ政府の負担となった。ンクルマの目算は、ダムからの電力で地元産出のボーキサイトをアルミニウムに加工し、外貨を稼ぐことのできるアルミニウム産業を育てることによって債務を償還しようというものだった。しかしカイザー社が建設したのは現地のボーキサイトの加工工場ではなく、輸入されたアルミナの精錬工場だった。国際資本の巧妙な戦略に翻弄された側面も否定できない。

金融の自立のためのガーナ銀行の設立、マーカス・ガーヴィーの船会社の名をとった海運会社ブラックスター・ラインやガーナ航空の設立など、独立国家のシンボル的な国営企業がいくつかつくられたが、この時期は国営企業の数もそれほどふえていない。

唯一国家のコントロールを強化した分野がカカオ流通の分野である。マーケティングボードによるカカオ流通の支配が継続されただけでなく、外国企業による買い付けを制限し、一九六一年には、五七年に「カカオ買い付け会社」を引き継いだ「連合ガーナ農民会議」がカカオ買い付けを独占することになった。

④—新植民地主義との戦い

パン・アフリカニズムの実践

ンクルマはアメリカでの学生時代から、アフリカの植民地は、植民地統治制度下の小さく分割された単位のままでは、イギリスなどのヨーロッパの大国の政治的、経済的支配から逃れるのは困難であり、政治的にも経済的にもより大きな規模の統一国家を実現する必要があると考えていた。

独立への政治過程のなかでも「統一されたアフリカ」という目標はつねに意識されており、一九四九年の会議人民党(CPP)結党のさいも、党の綱領には「西アフリカの統一」が含まれていた。五三年にはアジキウェ(一七頁参照)などの西アフリカのナショナリストたちをクマシにまねいて西アフリカの統一を呼びかける国際会議を開いているが、五四年の総選挙後の政治的混乱によってそれ以上の進展は実現しなかった。パン・アフリカニズムを国際政治のなかに一つのうねりとして登場させることができたのはガーナ独立後のことだった。

ンクルマは、独立とともに政治上の師であり盟友であるパドモアを政府の政治顧問としてまねき、首相直属の機関としてパドモアを中心とする「アフリカ問題ビューロー（BAA）」を設置して、パン・アフリカニズムの実践のための各国への働きかけ、解放運動の支援にあたらせた。パドモアのほか西インド諸島出身のラス・マコネンなどを迎え、政府の外務省からは独立した機関としてもうけられたこの組織は、のちに政府内の軋轢の原因ともなる。

最初のステップは、一九五八年四月にアクラで当時のすべての独立国（エチオピア、リベリア、エジプト、リビア、スーダン、チュニジア、モロッコ）をまねいて開かれた「アフリカ独立諸国会議」だった。会議で決議されたことは、基本的に一九四五年の第五回パン・アフリカ会議の目標の再確認だった。全アフリカの植民地主義からの解放の戦いの支援、独立戦争のただ中にあったアルジェリアの独立支持、独立諸国間の協力と国際社会に対する共通の外交政策の必要性がうたわれ、そのために最低二年に一度、会議を開催することが決められた。第二回会議は一九六〇年にアジスアベバで開催されることになった。一九六三年に結成されることになる「アフリカ統一機構（OAU）」（七〇頁参照）の原点である。

同じ年の十二月には、アフリカの二八地域の解放運動組織、労働組合など六二団体の二〇〇人が参加した「全アフリカ人民会議（ＡＡＰＣ）」が開催された。ベルギー領コンゴのパトリス・ルムンバ（六八頁参照）、フランス領カメルーンのフェリックス・ムーミエ▲、ポルトガル領アンゴラのホールデン・ロベルト▲、イギリス領ケニヤのトム・ムボヤ▲、イギリス領北ローデシア（現ザンビア）のケネス・カウンダ▲、フランス領アルジェリアのフランツ・ファノン▲などの解放運動指導者が参加したこの会議は、アフリカにおける植民地解放の戦いを、各地域の孤立した動きから全アフリカを動かすものへと変えていった。ンクルマはこの会議で次のように訴えたのである。「二〇世紀はアフリカの世紀であり、これからの一〇年はアフリカの独立の一〇年である。前進しよう。今すぐ独立へと。そして明日にはアフリカ合衆国へと」。

　さらに、ンクルマは将来の「アフリカ合衆国」の核としての地域連合形成のイニシアチブもとろうとしている。その最初の試みが「ガーナ・ギニア連合」である。

　一九五八年五月のアルジェリア危機で再登場したド・ゴール▲が提案したフラ

▼**フェリックス・ムーミエ**（一九二六〜六〇）　独立運動組織「カメルーン人民同盟」の指導者。初代議長が一九五八年にフランス軍によって殺害されたのち議長に就任したが、亡命先のスイスでフランスの諜報機関によって毒殺された。

▼**ホールデン・ロベルト**（一九二三〜二〇〇七）　一九五六年に独立運動を始めたが、社会主義路線をとる「アンゴラ解放人民運動（ＭＰＬＡ）」と敵対。一九六二年に「アンゴラ国民解放戦線（ＦＮＩＡ）」を結成し、七五年の独立後もＭＰＬＡ政権に敵対し続けた。

▼**トム・ムボヤ**（一九三〇〜一九六九）　労働組合運動から独立運動に参加し、六〇年に「ケニヤ・アフリカ人民族同盟（ＫＡＮＵ）」に合流して、ケニヤの独立運動を率いた。

▼**ケネス・カウンダ**（一九二四〜二〇二一）　一九五一年から独立運動を率い、六四年の独立とともに初代大統領に就任。南アフリカ、南ローデシア（現ジンバブエ）の解放闘争を支援した。

ンス第五共和制憲法では、植民地に内政の自治権を認めながら、外交、防衛、通貨などの重要事項はフランス本国が掌握する「フランス共同体」が提案されていた。九月におこなわれた国民投票では、他のすべての植民地がその提案を受け入れたが、「われわれは隷従のなかの豊かさよりも貧困のなかの自由を選ぶ」と宣言した▲セク・トゥーレに率いられたギニアだけが、即時完全独立を要求して「ノン」を投じた。ギニアは十月に独立するが、ド・ゴールはこれに対する報復として一切の援助を打ち切り、すべての官吏を引き上げただけでなく、行政文書や備品まで持ち帰り行政機構を完全に停止させるという激しい措置をとった。ンクルマはギニアに対してただちに一〇〇〇万ポンドの借款などの支援を申し出、十一月にはセク・トゥーレがアクラを訪問し、そこでガーナ・ギニア連合が発表された。セク・トゥーレもパン・アフリカニストであり、ギニア憲法には将来の統一アフリカのための国家主権放棄も規定されていたが、ンクルマのガーナに従属する立場は受け入れず、結局あくまでも独立国家の連合という形態にとどまった。

　ンクルマの掲げるパン・アフリカニズムの理想は、具体的な政治的プロセス

▼**フランツ・ファノン**（一九二五〜六一）　フランス領マルティニック生まれ。独立戦争中のアルジェリアに精神科医として赴任するが、辞任して「アルジェリア民族解放戦線（FLN）」に参加。FLNのスポークスマンとして活動するが、一九六一年、白血病で死去。死後、出版された『地に呪われたる者』は民族解放闘争の理論書として大きな影響を与えた。

▼**シャルル・ド・ゴール**（一八九〇〜一九七〇）　軍人、フランス共和国第十八代大統領（在任一九五九〜六九）。第二次世界大戦中、対独抵抗を率いた。一九五八年、本国政府に対してアルジェリア駐留軍が反乱を起こしたさいに、事態収拾の切り札として再登場し、大統領に強大な権限を与える第五共和制憲法を提案し、新憲法下の最初の大統領となった。

▼**アーメド・セク・トゥーレ**（一九二二〜八四）　一九五二年「ギニア民主党（PDG）」の書記長となり、五八年の独立とともにギニア共和国初代大統領に就任（在任一九五八〜八四）。社会主義路線をとり、一九六

となりつつあった。しかし、同時に、そのあり方についての立場の相違もあらわれ始めていた。

一九五九年七月、リベリアのサンニクリで、リベリアのタブマン大統領▲、ンクルマ、セク・トゥーレがアフリカの植民地支配からの解放と統一アフリカについての会談をおこなった。ンクルマは「アフリカ合衆国」としての政治的統一の方向性を主張したが、タブマンが共同宣言として発表した「アフリカ独立諸国共同体」は、各国が主権を保持したうえで経済協力を中心とするゆるやかな連合を形成する、というものだった。

さらに一九六〇年六月に開かれた第二回アフリカ独立諸国会議では、独立直前のナイジェリアから派遣されたY・M・スレが、「誰もパン・アフリカニズムを推進する必要は疑わない。しかしアフリカ諸国連合という考え方は時期尚早であまりにも過激である。アフリカ諸国間の協力を推進する行動はすべてよい。しかし、自分がアフリカを率いるメシア(救世主)だと感じるあやまちをおかすものがいれば、パン・アフリカニズムは確実に敗北するだろう」と、激しい言葉でンクルマのイニシアチブを批判した。

六年のクーデタで失脚したンクルマを受け入れて共同大統領として遇した。経済的にはギニアを世界最貧国に転落させ、独裁体制のなかで多くの政敵を弾圧した。

セク・トゥーレ(右)**とンクルマ**

▼ウィリアム・タブマン(一八九五〜一九七一)　リベリア共和国第十九代大統領(在任一九四四〜七一)。在任中は外国投資を呼び込み、一定の経済発展をもたらすとともに、アメリカ解放奴隷の子孫が権力を独占してきたリベリアで漸進的な政治の民主化をおこなったが、政権が長期化すると独裁化していった。

これ以降、アフリカ統一をめぐる議論は、政治的統一かゆるやかな連合か、という二つの立場に別れていくことになる。

「アフリカの年」と新植民地主義

一九六〇年はアフリカの脱植民地化の歴史において決定的な重要性をもつ年だった。この年、旧フランス領一四カ国が独立し、ナイジェリアがイギリスから、コンゴがベルギーから独立を獲得した。独立国家があいついで誕生したことからこの年は「アフリカの年」と呼ばれたが、それはンクルマが「新植民地主義」と呼んで批判することになる新たな従属構造の始まりでもあった。

旧フランス領植民地の独立は、典型的な新植民地主義のケースだった。セク・トゥーレがド・ゴールのフランス共同体を拒否したのは、それが植民地を小さな行政単位に分割して自治を与えることでフランス本国への従属構造を維持するものだったからだが、そうした「バルカン化」の危険は、それを受け入れたセネガルのL・S・サンゴール▲らも意識していた。サンゴールは、フランスとの関係は維持しつつも、経済的にも政治的にもフランスとより対等の関係

▼**レオポール・セダール・サンゴール**(一九〇六〜二〇〇一)　セネガル初代大統領(在任一九六〇〜一九八〇)。第二次世界大戦後、第四共和制下のフランス国民議会議員となり、一九六〇年の独立とともに初代大統領となった。親仏路線をとったが、黒人の尊厳をうたう「ネグリチュード」の詩人としても高名で、一九八三年にはアカデミー・フランセーズ会員に選ばれた。

を可能にするために、フランス領西アフリカというより大きな単位の政治的統一を追求したが、それに対してコートディヴォワールのウフエ・ボワニは、自国における政治権力をゆずり渡すことを望まず、そのような方向性に反対していた。サンゴールは、フランス領スーダン（現マリ）、オートヴォルタ（現ブルキナファソ）、ダオメ（現ベナン）に呼びかけて「マリ連邦」を形成しようとしたが、フランス本国とウフエ・ボワニの切り崩しによってオートヴォルタとダオメが脱落した。一九六〇年六月、セネガル、フランス領スーダンによる「マリ連邦」が独立したが、社会主義路線をとろうとするフランス領スーダンのモディボ・ケイタとフランスとの結びつきを重視するサンゴールの対立から、八月には連邦は解体し、フランス領スーダンは九月、マリ共和国として独立した。しかしマリは内陸に位置し、経済開発も遅れていた。フランス領の状況の進展を注視していたンクルマはただちにマリへの支援を申し出、十二月にはンクルマ、セク・トゥーレ、モディボ・ケイタの三者会談をへて「ガーナ・ギニア・マリ連合」の形成が発表された。これについても、新植民地主義との戦いとパン・アフリカニズムの原則は共有しながらも、ギニアが提案した三国共通通貨にガ

▼フェリックス・ウフエ・ボワニ（一九〇五〜一九九三）　コートディヴォワール初代大統領（在任一九六〇〜九三）。一九四六年、フランス領アフリカの政治勢力を結集して「アフリカ民主連合（ＲＤＡ）」を結成し、独立運動を率いた。サンゴールらの主張するフランス領西アフリカとしての独立ではなく、個別植民地別の独立へと導いた。独立後は親仏政策をとり、カカオ産業の発展による経済的繁栄を一時実現したが、独裁化した政権は腐敗し、カカオ価格の低落によって経済も悪化した。

▼モディボ・ケイタ（一九一五〜七七）　マリ初代大統領（在任一九六〇〜六八）。ＲＤＡに参加し、フランス領スーダン（現マリ）の独立運動を率いた。マリ連邦が流産したのち「マリ共和国」として独立、社会主義路線をとったが経済的に破綻し、一九六八年軍事クーデタによって失脚、投獄され獄中で死去した。

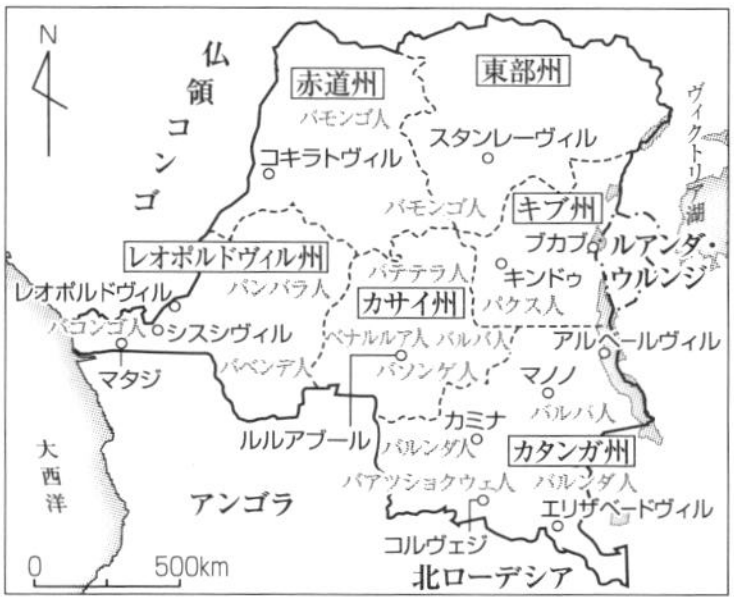

一九六〇年のコンゴ──州と諸民族

虐殺される前のコンゴ首相ルムンバ(右)とンクルマ

ーナの財務大臣であったグベデマ(四一頁参照)が反対するなど、具体的な政治的経済的統合は進まなかったが、コンゴ動乱に対する対応など、外交的には大きな意味をもつことになる。

コンゴ動乱

コンゴの独立は、新植民地主義がもっとも露骨で暴力的なかたちをとったケースだった。

イギリス、フランスが第二次世界大戦後、まがりなりにもアフリカ人の政治参加と一定の自治に向けての準備をおこなっていたのに対して、ベルギー領コンゴではそのような準備はまったくおこなわれていなかった。しかし、一九五八年にフランス領コンゴがフランス共同体内の自治共和国となり、さらにルムンバがガーナでの「全アフリカ人民会議」に参加して帰国すると急激に独立要求が高まった。一九五九年にレオポルドヴィルで暴動が起こると、ベルギー政府は六〇年一月、事実上事態を投げ出すかたちでわずか五カ月の準備期間で独立を与えることを決定した。独立までの過程で、ルムンバが統一政府による中央政権を主張したのに対して、コンゴ人▲に基盤をもつジョゼフ・カサヴブ▲とカタンガ州に基盤をもつモイーズ・チョンベ▲は、それぞれ自らの基盤での権力行使を可能とする連邦制を主張した。結局制定された憲法は、ガーナの場合と同じく、形式的には中央政府のもとでの単一国家というかたちをとりながら、州の権限を大幅に認めた折衷的なものとなっていた。コンゴは一九六〇年六月三十日、カサヴブを大統領とし、ルムンバ▲を首相として独立するが、準備不足の独立は直後から混乱をきたした。

独立直後の七月六日、コンゴ軍兵士が独立後も指揮権を握るベルギー人将校に対して反乱を起こし、四日後の十日にはベルギー人保護を名目にベルギーが軍事介入し、さらにその翌日、銅、コバルトなどの豊富な鉱物資源をもつカタンガ州のチョンベが分離独立を宣言したのである。中央政府のカサヴブとルムンバの要請を受けて国連は国連軍を派遣して、ベルギー軍を撤退させたが、カタンガには介入しようとしなかった。ルムンバは国連軍によるカタンガ攻撃を要請したがいれられず、コンゴ軍による攻撃を計画した。するとそれを冒険主義とみなしたカサヴブはルムンバを解任し、さらにルムンバもカサヴブの解任

▼コンゴ人　コンゴ川下流域を中心に現在のコンゴ共和国、コンゴ民主共和国、アンゴラにまたがって居住する大民族の総称。バコンゴ人とも（「バ」はバントゥー諸語で、人の複数をあらわす接頭辞）。十四世紀にコンゴ王国を形成し繁栄したが、奴隷貿易などで荒廃し、その領域はベルギー、フランス、ポルトガルの植民地となった。

▼ジョゼフ・カサヴブ（一九一〇〜一九六九）　コンゴ民主共和国初代大統領（在任一九六〇〜六五）。コンゴ人を基盤とする「アバコ党」を結成、六〇年の独立とともに大統領に就任。コンゴ内戦ではモブツ大佐の反ルムンバ・クーデタによってかろうじて政権を保ったが、一九六五年、モブツによる二度目のクーデタで失脚し、軟禁状態のまま死去した。

▼モイーズ・チョンベ（一九一九〜一九六九）　カタンガ州の分離独立を主張する「コナカ党」を結成、六〇年のコンゴ共和国の独立の直後に「カタンガ共和国」の分離独立を一方的に宣言したが、六二年に国連軍の進攻を受けてスペインに亡命。一九六五年にカサブブ大統領によって

を発表することで中央政府は分裂状態に陥った。九月、アメリカなどの後ろ盾をえたモブツ大佐▲のクーデタでルムンバは逮捕され、四カ月後カタンガのチョンベのもとに送られて殺害された。カタンガの鉱山会社ユニオン・ミニエールに巨大な利権をもつ欧米諸国は、国連決議ではコンゴ中央政府を支持しながら、実質的にはルムンバの排除にゴーサインをだしたのである。

ンクルマはカタンガの分離独立宣言直後からルムンバと連絡をとり、八月にはルムンバをアクラにまねいて将来の国家連合に向けた秘密協定（ガーナ・コンゴ連合協定）を結んでいる。さらに、分離独立を非難する国連決議の採択、国連軍の派遣のために欧米首脳などに対する積極的な働きかけをおこなった。ンクルマにとって、統一国家をめざし欧米への従属を脱しようとするルムンバと、地域、民族の利権を維持するための連邦国家を主張するカサヴブ、チョンベらの対立は、ＣＰＰとアシャンティ州を基盤とする国民解放運動（ＮＬＭ）の対立と重なってみえた。また、コンゴの豊富な鉱物資源は、将来のアフリカ合衆国の重要な財政基盤となるはずのものだった。それだけにルムンバの殺害はンクルマにとって衝撃であり、自らのめざす方向に対する欧米新植民地主義のあか

一時首相として呼びもどされるが、まもなくモブツ大佐のクーデタによって政権は倒れた。

▼パトリス・ルムンバ（一九二五〜六一）　労働組合運動指導者をへて一九五八年に「コンゴ国民運動」を創設し、六〇年の独立で首相に就任。統一国家としての政治的、経済的自立をめざしたが、その姿勢がコンゴに巨大な利権をもつアメリカ、ベルギーなどから危険視され、それらの国々に使そうされた分離独立派によって殺害された。

▼モブツ・セセ・セコ（一九三〇〜一九九七）　わずかな軍歴しかなかったがコンゴ独立直前の政治的混乱をたくみに利用し、独立時にコンゴ国軍参謀総長の地位をえた。一九六〇年のクーデタでルムンバを排除し、六五年の第二次クーデタで全権を掌握した。ジョゼフ・デジレというカトリック名をモブツ・セセ・セコというアフリカ名に変え、国名もザイールと変えるなど「アフリカ化」を標榜した。政権を私物化し、巨額の蓄財をする一方で国家を破綻させ、内戦の混乱のなかで病死した。

らさまな敵対と映ったのである。ンクルマは政府内の反対にもかかわらず、いち早くガーナ軍を国連軍として派遣することを決め、国連の中立的で公正な立場を期待していたが、それは完全に裏切られる結果となった。これ以降、ンクルマは、アフリカに東西冷戦を持ち込まない、という非同盟中立の姿勢を変え、急速に東側陣営に接近していくことになる。

アフリカ統一機構とンクルマの孤立

一九五九年のサンニクリ会談、そして六〇年六月の第二回アフリカ独立諸国会議ですでにあらわれていたアフリカ統一をめぐる立場の違いは、コンゴ動乱によってより明確なものとなっていった。

一九六〇年十月、コートディヴォワールのウフエ・ボワニは、旧フランス領諸国にコンゴ問題、アルジェリア問題などについて国連での共同歩調を呼びかけ、アルジェリア問題についてはフランスの立場を尊重し、コンゴ問題については彼らがあまりに急進的とみなすルムンバではなく、カサヴブを支持することを決めた。ギニアとマリはこの会議への出席を拒否した。十二月には、この

▼ガーナ・ギニア・マリ連合の三首脳（左からセク・トゥーレ、モディボ・ケイタ、ンクルマ）

会議への参加国にマダガスカルが加わって「アフリカ・マダガスカル同盟（UAM）」が旧仏領コンゴのブラザビルで結成され、さらに六一年五月、UAM諸国にナイジェリアなど英語圏諸国も加えた二〇カ国がリベリアのモンロビアに集まり、内政不干渉と各国の主権の尊重、特定の個人や国のリーダーシップの拒否、政治的統合ではなく共同行動を、という原則を確認した。モンロビア・グループと呼ばれたこれらの諸国は、ンクルマのアフリカ合衆国の呼びかけを明確に拒否したのである。

これに対して、ガーナ、ギニア、マリにアラブ連合とモロッコを加えた五カ国が、一九六一年一月、モロッコのカサブランカに集まり、コンゴ問題についてルムンバ派への支持を明確にするとともに、「全アフリカにおける自由の勝利、アフリカの統一、非同盟、植民地主義とあらゆる形態の新植民地主義の解体」をうたう「カサブランカ憲章」を採択した。いわゆるカサブランカ・グループである。

しかし、カサブランカ・グループの諸国にとっても、獲得した国家主権をただちにゆずり渡すことは問題外であり、ンクルマが主張するような統一政府のもとでのアフリカ合衆国という考え方を現実の政治プログラムとして考えていたわけではなかった。一九六二年にアルジェリアが独立し、国連軍のカタンガ制圧によってコンゴ動乱が一応の決着をみると、両陣営間の緊張の緩和が両者の接近を可能にし、エチオピア皇帝ハイレセラシエ▲やウフエ・ボワニの働きかけなどによって、ガーナを除くカサブランカ・グループは姿勢を柔軟化させた。

　こうして一九六三年五月、アジスアベバにおいてついに「アフリカ統一機構（OAU）」が結成されることとなった。ハイレセラシエは一九六〇年十二月にガーナを訪れたさい、ンクルマに、米州機構のような独立国家の協議体としての「アフリカ諸国協会」の提案をしていたが、提案されたOAU憲章は基本的にはそれにもとづくものだった。ガーナはボツィオ（四二頁参照）を団長とする大代表団を送り込んで、出版されたばかりのンクルマの『アフリカは統一しなければならない』を配布し、統一政府の必要性を訴えた。小国に分裂したアフリカは、政治的にも経済的にも大国に従属することになる。真の独立を達成するには統一政府は不可欠である。そして、①共通の経済産業計画とそのための共通通貨、中央銀行、②共通の防衛政策、統一軍、③共通の外交政策が必要で

▼**ハイレセラシエ一世**（一八九二～一九七五）　エチオピア帝国最後の皇帝（在位一九三〇～一九七四）。一九三五年のイタリアのムッソリーニによる侵攻で一時独立を失うが、四一年にイギリス軍の支援で帰国。第二次世界大戦後はパン・アフリカニズムの推進者としてアフリカ政治を主導した。だが、内政では封建的な体制を温存し、経済的には最貧国に転落、混乱のなかで軍のクーデタにより廃位され、拘禁中に死去。

ＯＡＵ結成大会でアフリカ統一を訴えるンクルマ（一九六三年、アジスアベバ）

ある、というのがンクルマの主張だった。遅れて到着したンクルマは大演説をおこなって「われわれの目的はアフリカ連合の即時結成である。失うべき時間はない。われわれはただちに統一しなければならない。さもなければ破滅だ」と主張したが、支持はえられず、最終的には、主権の平等、内政不干渉、主権と領土の尊重、紛争の平和的解決、暗殺・破壊活動の非容認、非独立地域の完全解放、非同盟路線の堅持をうたうＯＡＵ憲章が採択され、結局ンクルマもそれにサインすることを受け入れざるをえなかった。

憲法改正と社会主義シフト

独立後、反対派の押さえ込みにある程度成功すると、ンクルマはパン・アフリカニズムの実践とともに、社会主義建設に向け舵を切り始めていた。一九五九年のＣＰＰ結成一〇周年記念大会で、ンクルマは社会主義建設を目標として明確に掲げ、そのために党に権力を集中する民主集中制、党の思想的再生のためのイデオロギー教育の必要性を語っている。

イギリスから与えられた独立時の憲法がＮＬＭへの配慮から折衷的な内容と

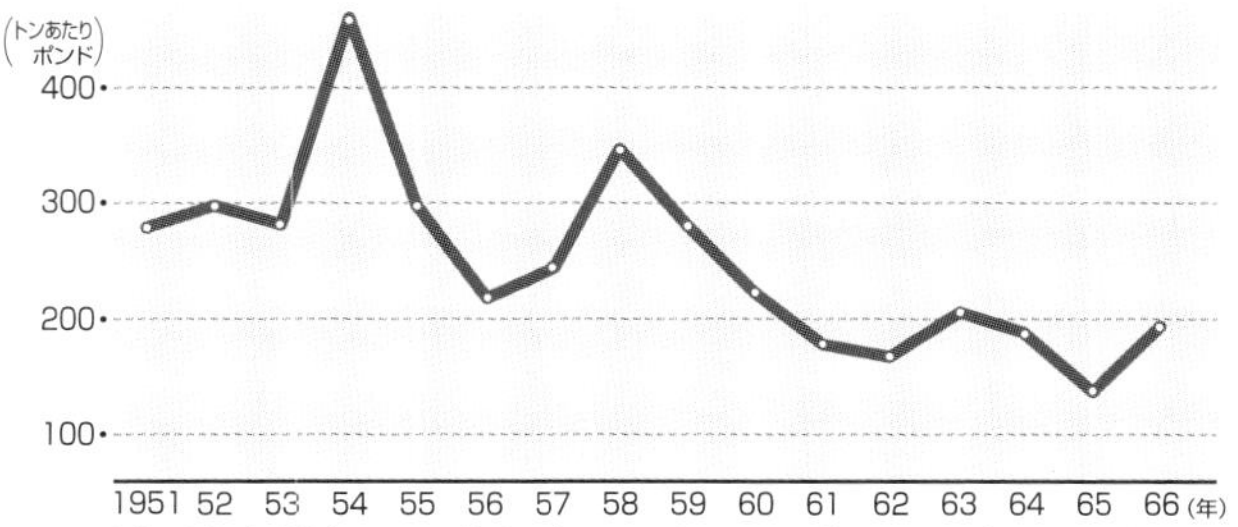

出典：高根務,「独立ガーナの希望と現実－ココアとンクルマ政権，1951-1966年」，国立民族学博物館研究報告 3(1)，2006，p.5より作成

一九五一〜六六年のカカオの国際価格の推移（ロンドン市場、単位：トンあたりポンド）

なっており、中央政府の権限が制限されていることがンクルマには不満であり、まず彼が乗り出したのが中央政府の権限を強化する憲法改正だった。提案された新憲法は、大統領に軍、裁判所、行政の人事権などの強大な権限を与え、大統領令による統治を可能にするものだった。一九六〇年四月におこなわれた国民投票では、新憲法への賛否と同時に、新たに誕生する共和国の大統領として誰を選ぶかが問われた。ダンカーが唯一の対立候補だった。組織的な選挙活動をおこなえるのは事実上CPPだけであり、圧倒的多数の賛成で新憲法は成立し、大統領選もンクルマが圧勝した。

　ンクルマの政権運営が決定的に異なった様相をみせ始める転機は、一九六〇年七月に始まったコンゴ動乱の展開と、六〇年末には明らかになっていた財政危機だった。一九五八年にトンあたり三四七ポンドに達していたカカオ価格は、六〇年には二二二ポンド、六一年には一七七ポンドと下落が続き、六二年には一六七ポンドと半分以下に下落していった。ヴォルタ川計画の巨額の負担に加え、アフリカ独立諸国会議や全アフリカ人民会議の開催、アフリカ問題ビューロー（BAA）による解放運動支援、さらにコンゴへのガーナ軍の派遣など、ンクルマの積極的なパン・アフリカニズム政策にかかる巨額の費用は政府財政を一気に悪化させ、財政収支は一九六〇年には赤字に転じ、その後赤字額は年々膨らんでいった。

コンゴ動乱は、すでにンクルマが警告していた新植民地主義の危険がむき出しのかたちであらわれたものであり、急がなければ敗北するというなかば強迫観念に近いまでの危機意識をンクルマに抱かせることになった。実際、欧米諸国のンクルマに対するまなざしは厳しさをましており、欧米の新植民地主義に対するンクルマの不信は、それまでの非同盟中立路線のなかでかろうじて保たれていた英米協調路線から、明確な社会主義陣営へのシフトとしてあらわれた。脱植民地化は東西冷戦が激化していく時期に進行したのであり、新興独立国を自陣営に取り込もうとする両陣営の激しいつばぜり合いがおこなわれていた。

一九六一年秋にンクルマはソ連をはじめとする東側諸国と中国を歴訪し、そこで社会主義国における工業発展のようすに強い印象を受けた。財政危機のためにすでに実行困難となっていた一九五九年からの第二次五カ年計画は放棄され、新たに社会主義経済の専門家などをまねいて六三年からの七カ年開発計画が作成された。その内容は、ソ連などの社会主義国の制度を取り入れたもので、国営貿易会社による商品の輸出入の独占、金、ダイヤモンド鉱山、建設、銀行、保険など主要な経済部門の国営化などを含み、農業部門においても国家農場会社を設立して各地に国営農場が設置された。

しかし、結果は惨憺たるものだった。外国資本による経済支配はたしかに排除されたが、ソ連や東欧諸国の支援能力の欠如、国営企業を蝕む官僚とCPP党員の汚職と非効率は、ガーナの経済と社会に破滅的な影響をもたらした。国営貿易会社が日用品の輸入先を供給能力の低い東側諸国にきりかえたために、砂糖、ミルク、小麦粉などの日用品が極端な品不足に陥り、価格高騰が起こった。国営企業は一九六五年の時点で二二に増加していたが、そのうち黒字経営は二社しかなかった。東側諸国から輸入された機械を用いた国営農場の計画も、外貨を食いつぶしただけで失敗に終わった。一九六五年時点でガーナはほぼ完全に破産していた。ただ、ヴォルタ川計画は当初の計画どおり進められ、アコソンボ・ダムは一九六五年末に完成した。

政治危機の深化

さらに、一九六〇年頃までは教育や生活条件の改善が一定の成果をあげていたために表面化しなかった政権運営のさまざまな矛盾が、経済危機を期に噴出してくることになる。

ンクルマがコントロールすることのできなかった最大の問題は、党と行政官僚の腐敗だった。政権党が個人の権力と蓄財の手段となるという、その後アフリカの独立国に共通してあらわれる現象をンクルマは阻止することができなかった。ンクルマは一九五一年の最初の政権取得のときから繰り返し、党幹部や行政官僚に対して、自らの地位を蓄財に利用することを戒めていたが、腐敗防止のための実効的な措置はほとんどおこなわれなかった。急速に拡大した大衆政党を動かしていたのは、ンクルマのカリスマと「即時独立」というスローガンが期待させるよりよい生活であり、パン・アフリカニズムと社会主義というンクルマの思想は、多くの人々にとって、いわばなにかバラ色の未来を感じさせるスローガン以上のものではなかった。

CPPの古参幹部でさえンクルマの思想を全面的に共有していたわけではな

かった。ＣＰＰ結成以来の幹部であり、一九五四年からンクルマ政権の財務大臣を務め、ヴォルタ川開発計画をはじめ欧米諸国からの資金援助獲得でも大きな役割をはたしていたグベデマは、ンクルマがギニアやマリへの支援、アフリカ独立諸国会議や全アフリカ人民会議のような大規模イベント、そしてＢＡＡによるアフリカの解放闘争支援に巨額の資金をつぎ込むことに批判的だった。

　ンクルマは、蔓延する腐敗と党内保守派の反発に、一種のイデオロギー闘争によって対応しようとした。党のイデオロギー強化のために、ソ連の共産党青年組織コムソーモールをモデルとした「ガーナ青年パイオニア運動（ＧＹＰＭ）」や、複数の女性組織を一元化した「ガーナ女性全国評議会（ＧＣＧＷ）」などの組織がつくられ、こうした組織は以後、熱狂的ンクルマ主義者を生みだす土壌となっていく。彼らがンクルマに捧げた「オサジェフォ（救国者）」という尊称は、カルト的崇拝の様相さえみせ始めることになる。さらにンクルマは、独自のパン・アフリカニズムと社会主義思想を融合した思想を「ンクルマ主義（Nkrumaism）」として党のイデオロギー教育の中核にすえ、のちにはンクルマはそれを「コンシャンシズム（Consciencism）」という一つの哲学思想として提示している。党幹部のイデオロギー教育のためにクワメ・ンクルマ思想学院（通称ウィンネバ学院）という思想教育機関もつくられた。「ンクルマ主義」という「公定」思想の圧力は社会全体を覆っていくことになる。一九六二年にはレーニンの『イスクラ（火花）』にちなんだ『ザ・スパーク（火花）』という「ンクルマ思想」の機関誌が創刊された。

アフリカの歴史、文化の復権も「ンクルマ主義」の重要なテーマだった。ンクルマは、一九六一年、デュボイスがガーナを訪れたさい、彼の『アフリカ百科事典』の企画をガーナ政府として支援することを決め、デュボイスはガーナに移り住むこととなった。さらに、一九六三年には、ガーナ大学にアフリカの言語、文化、歴史の研究をおこなう「アフリカ研究所」を設置している。しかし、大学の教育、研究にも介入しようとするンクルマの強い意志は、大学の研究者との間で軋轢も生み出すことになった。

ンクルマが育てた急進的な「ンクルマ主義者」たちは党幹部や古参党員の腐敗を激しく糾弾するようになり、他方、保守派は彼らを危険なコミュニストとみなし、経済危機のなかで対立は激化していった。ンクルマは、もはや党を組織としてコントロールするのではなく、直接大衆に語りかけるようになる。一九六一年四月、ンクルマは「夜明けの放送」として知られるラジオ放送をおこない、政府閣僚、議員、党幹部の腐敗を糾弾して、グベデマらの閣僚を更迭した。しかし、結局実質的な党改革はおこなわれず、閉塞感はさらに高まっていった。解任されたグベデマはその年の末に亡命した。同年九月、給料の五%を強制的に天引きする「強制貯蓄」に反発した港湾、鉄道労働者がストライキを起こすが、ンクルマはこれを力で押さえつけ、多数の労働者が投獄された。

あいつぐ暗殺未遂事件

そうしたなかで、反対派によるンクルマ暗殺の企てがあいついで起こる。ンクルマに大きな衝撃を与えた最初の暗殺未遂事件は一九六二年八月、通商協定のためにオートヴォルタを訪問した帰路、国境近くのクルンググに立ち寄ったさいに起こった。旗を振ってむかえた小学生たちのために車を降りたンクルマに対して爆弾が投げつけられたのである。小学生を含む五名が死亡し、五五人が負傷した。ンクルマ自身も負傷し二週間入院した。

▼**タウィア・アダマフィオ**(一九一一〜九四)　会議人民党の書記長(在任一九五六〜六二)、大統領府総務大臣(一九六〇〜六二)を務め、ンクルマの側近だったが、暗殺未遂事件後一九六六年のクーデタまで拘禁された。

一九六二年八月末、治安警察と情報機関は、外務大臣のアコ・アジェイ(二六頁参照)、党書記長を解任されたタウィア・アダマフィオ▲ら党幹部が関与したとの報告を提出し、数百人が逮捕され、アコ・アジェイ、アダマフィオを含む一二人が裁判にかけられた。一九六三年十二月、五人が有罪とされたが、アコ・アジェイ、アダマフィオらは証拠不十分で釈放とされた。ンクルマはそれを認めず裁判長を罷免した。ンクルマはもはや政府閣僚すら信用できず、自らにすべての権限を集中するようになる。国家治安局が設置され、徹底した治安措置の強化がおこなわれた。予防拘禁法で拘禁された人々の数は、一九六三年の時点で公式に発表された数字だけで五八六人にのぼっていた。

一九六四年一月二日、ふたたび暗殺未遂事件が起こる。犯人は大統領府の警察官だった。ンクルマのかわりに銃弾を受けた大統領警護官が死亡した。事件に関与したとして警察幹部が解任され、警察官は銃の保持を禁止された。さらにダンカーも関与を疑われて予防拘禁法によってふたたび投獄された。ダンカーは翌年獄中で病死する。同じ月、ンクルマは大統領のほとんど絶対的な権限と、一党独裁の体制を国民投票で承認させた。

ンクルマの不信は軍に対しても向けられた。クルンググの暗殺未遂事件後、軍とは別組織として、ソ連、キューバなどの将校に指揮された直属の大統領警護隊が設置された。大統領警護隊には最新の装備が支給されたのに対して、軍の予算は緊縮財政で縮小され、軍の不満は高まっていた。一九六五年七月、ンクルマは軍による政府転覆の陰謀の報告を治安局から受け、オトゥ少将▲とアンクラー少将▲を解任し、軍幹部の入れ替えをおこなった。

もはやその年に予定されていた総選挙をおこなえる状態ではなく、議員は党中央委員会が指名し、ラジオで発表された。党は「マルクス以上にマルクス主義者、ンクルマ以上にンクルマ主義者」の急進派によって支配されていた。

ンクルマはこうしたなかでも、アフリカ統一という目標のために格闘し続けていた。一九六四年のOAUカイロ大会でふたたび統一政府の必要性と統一軍の設立を呼びかけ、六五年、ガーナが主催国となったアクラ大会では、「アフリカ合衆国」への出発点として常設の執行評議会の設置を提案したが、支持をえることはできなかった。その一方で、アクラ大会の準備のために建設された巨大な会議場は、ガーナの財政破綻をさらに悪化させた。一九六五年末、南ロ

▼スティーヴン・オトゥ（一九一五～七九）　一九六一年のイギリス人将校削減によってガーナ人として最初の国軍参謀長に就任したが、六五年にンクルマによって解任された。

▼ジョゼフ・アンクラー（一九一五～九四）　一九四七年にアフリカ人として最初のイギリス植民地軍将校となり、六〇年に大佐に昇任、コンゴ動乱に国連軍の大隊長として派遣された。一九六六年のクーデタで国家解放評議会（NLC）議長に就任したが、六九年、汚職事件で辞任。

▼イアン・スミス（一九一九～二〇〇七）　一九六四年、イギリス領南ローデシア（現ジンバブエ）植民地政府首相に就任、イギリス政府がアフリカ人への参政権付与を求めるとこれを拒否して一方的に独立を宣言し、人種差別政策をとった。以後アフリカ人解放勢力との内戦状態が続き、一九八〇年、イギリスの調停を受け入れアフリカ人多数派に政権をゆずった。

ーデシアのスミス首相▲が白人人種主義政権による一方的独立を宣言し、イギリスがそれを容認すると、ンクルマはイギリスと断交し、単独での南ローデシアへの軍派遣を検討しはじめるが、それはコンゴ動乱へのガーナ軍派遣で困難を強いられた軍によるクーデタの遠因ともなった。

クーデタ

一九六六年二月二十四日、軍のコトカ中佐▲、アフリファ少佐▲、警察のハーレイ監察総監▲らによるクーデタが起こる。ンクルマはベトナム訪問の途上で北京に滞在中だった。クーデタの背景にあったのは、直接的にはンクルマに対する軍と警察の不満であり、それまでに蓄積されていた政治的、経済的閉塞状況だったが、アフリカの共産化を懸念する欧米諸国もンクルマ失脚に深く関与していたことが近年わかってきた。

一九九九年から公開の始まったアメリカ国務省の文書は、少なくとも六四年頃からアメリカ、イギリス、フランスがンクルマ政権転覆に関与していたことを示している。一九六四年二月、アメリカ国務省はイギリス外務省に対して「最

▼エマニエル・クワシ・コトカ（一九二六〜六七）　イギリスの士官学校で学び、六〇年、コンゴ動乱に国連軍の中隊長として派遣された。クーデタ後少将に昇任、政権を掌握した国家解放評議会のメンバーとなった。一九六七年、若手将校によるクーデタ未遂事件で殺害された。

▼アクワシ・アフリファ（一九三六〜七九）　一九六六年のクーデタでコトカ中佐の腹心として働き、国家解放評議会のメンバーとなった。一九六九年、国家評議会議長となり、ブシア政権への民政移管後も七〇年まで国家元首を務めた。一九七九年、ローリングス空軍大尉のクーデタで処刑された。

▼ジョン・ウィリー・コフィ・ハーレイ（一九一九〜没年不明）　一九六六年のクーデタ後、国家解放評議会のメンバーとなり、六九年まで軍事政権の内務大臣、外務大臣を務めた。

一九六九年、共同大統領としてコナクリ空港でザンビアのカウンダ大統領（中央）**を迎えるンクルマ**（左）**とセク・トゥーレ**（右）

▼ギニア・ビサウ　セネガルとギニアにはさまれたポルトガル植民地だったが、一九六三年にアミルカル・カブラルに率いられたギニア・カーボベルデ独立アフリカ党（ＰＡＩＧＣ）が武装解放闘争を開始し、七四年に独立を宣言した。

終的にはンクルマの失脚につながる一連の連鎖反応を引き起こす」計画を示していたという。実際、六五年にガーナ政府が求めた債務保証を国際通貨基金（ＩＭＦ）が拒否するなど、ガーナに対する経済的圧迫は強められており、オトゥ少将とアンクラー少将の解任の少し前、六五年三月にはアメリカの駐ガーナ大使ウィリアム・マホーニーが、二人によるクーデタ計画の存在を報告している。

　クーデタの知らせを受けたンクルマは友好国のギニアに向かい、セク・トゥーレはンクルマをギニアの共同大統領として遇した。亡命後もンクルマは自らに対する大衆の支持を疑わず、ガーナの情勢を詳細に分析しつつ、ラジオ放送をつうじ軍事政権に対する蜂起を呼びかけるなど戦闘的な姿勢を崩さなかった。

　ンクルマは、ベトナム民族解放戦線のアメリカに対する戦いを注視し、さらにギニアの支援を受けてポルトガルに対する独立戦争をおこなっていたギニア・ビサウのアミルカル・カブラルとも接触していた。そうしたなかでンクルマは、アフリカの完全な解放のためにはアフリカ各地における新植民地主義に対する武装解放闘争が、ベトナムなどの帝国主義との戦いと連携することが必要であるという確信をもつようになっていった。ンクルマは亡命中の自らの思想的発展を『革命戦争ハンドブック』（一九六八年）、『アフリカの階級闘争』（一九七〇年）、『革命への道』（一九七三年、死後出版）などの著作に著し、ガーナへの帰還を期し続けたが、前立腺ガンのために一九七〇年頃から健康状態が悪化し、七二年四月二十七日、治療のために滞在していたルーマニアのブカレストで死去した。六二歳だった。

ガーナでは一九六九年の民政移管によってブシア（四九頁参照）が首相となっていたが、そのブシア政権も失政があいつぎ、ンクルマの死去の三カ月前にアチャンポン大佐▲のクーデタによって倒されていた。アチャンポン大佐はセク・トゥーレにンクルマの遺骸のガーナへの帰還を要請した。遺骸はンクルマが一九五八年に結婚したエジプト人の妻とボツィオに付き添われて帰国し、生まれ故郷のンクロフルに埋葬された。

ンクルマの遺産

ンクルマは最初に掲げた目標に向けてぶれることなく前進し続けた。ンクルマが見ていたゴールは全アフリカの解放とアフリカの尊厳の回復だった。しか

▼アミルカル・カブラル（一九二四〜七三）　一九五六年にギニア・カーボベルデ独立アフリカ党（PAIGC）を結成して独立運動を率い、卓越した指導力で解放区を広げていったが、独立直前にポルトガル秘密警察が関与した裏切りによって暗殺された。一九六三年の武装闘争開始前に、ンクルマの支援を受けてガーナで軍事訓練をおこなっている。

▼イグナシアス・アチャンポン（一九三一〜七九）　一九七二年一月、ブシア政権を軍事クーデタで倒し、国家救済評議会議長として国家元首に就任、ンクルマ主義を標榜し、欧米との関係を断ったが、経済状況も政治腐敗もさらに悪化する結果をまねいた。一九七八年にフレッド・アクフォ中将のクーデタで失脚。

し、もっとも古参の党幹部でさえ、その目標はガーナの独立で終わっていた。獲得した権力と利権を維持しようとする人々にとって、ンクルマの遠い目標は重荷になっていった。ンクルマのカリスマとその演説力は大衆を熱狂させることができ、そうした熱狂的支持をみることで、大衆が自分を理解し、自分についてきているとンクルマは錯覚していた。腐敗しているのは権力と富をえた古参幹部や保守的思想をもつエリート層だけだと彼は考えていたのである。それゆえ、クーデタ後も、ンクルマは彼の支持者による反撃を信じて疑わなかった。しかし、多くの者は党のもたらす権力や富に引きつけられていただけだった。

他方、ンクルマは他のアフリカ人指導者たちの、彼の強力なイニシアチブに対する不信も過小評価していた。タンザニア大統領だったニエレレ▲は、一九九七年、ガーナの独立四〇周年式典にまねかれたさい、次のように語ったという。「ンクルマは国家をあげてアフリカ統一という聖戦を戦った。彼は一九六五年のアクラ大会で独立アフリカの連邦政府を樹立しようとしたが失敗した。その理由の一つは、ンクルマが他のアフリカ人国家元首たちの、彼の聖戦の情熱に対する不信と敵意を軽視していたことだが、それ以上に、われわれの間ではア

▼ジュリウス・ニエレレ（一九二二〜九九）　一九五二年にタンガニーカ・アフリカ民族同盟（TANU）を創設。一九六一年タンガニーカ独立とともに初代首相、六四年、ザンジバルとの統合でタンザニア連合共和国大統領に就任、「ウジャマー社会主義」といわれる独自の社会主義路線をとったが、経済政策の行き詰まりから一九八五年に辞任。しかし、その高潔な人格から「ムワリム（先生）」として国民から敬愛された。

フリカがばらばらであり続けることに既得権益をもつ者が多すぎたのだ」。

ケニヤの政治学者アリ・マズルイ▲は、ンクルマが独立ガーナにつくりあげた一党独裁体制を厳しく批判する一方で次のように述べている。「ンクルマがアフリカに残したもっとも偉大な遺産は、アフリカ大陸の統一というプログラムである。ンクルマほど力強く、また劇的に、アフリカ大陸の統合を訴えた者はいなかった。アフリカ合衆国という目標を、ほとんどのアフリカ人指導者たちは近い将来には到達不可能なものとみなしていたが、ンクルマは、彼の著作とその思想の影響力によって、死後も彼の理想を生き続けさせたのである」。

二〇〇二年七月に成立した「アフリカ連合(AU)▲」はその目に見える成果である。AUは「ヨーロッパ連合(EU)」を参考にしたといわれるが、その原点はンクルマの「アフリカ合衆国」構想にある。

ンクルマの死後、一九七四年と九四年に第六回および第七回パン・アフリカ会議が開催され、アフリカ統一への議論は継続されていた。しかし、具体的な政治的プロセスが始まったのは九九年のことだった。経済制裁が解除され、七七年以来、二二年ぶりにアフリカ首脳会議に参加したリビアのカッザーフィ大

▼アリ・マズルイ(一九三三〜二〇一四)　ケニア出身の政治学者。アメリカ、イギリスで学位を取得し、その後アメリカをはじめ世界各地の大学で教えながら、政治、文化、歴史など広範にわたる著作を発表し、世界のアフリカ研究の第一人者として認められている。

▼アフリカ連合　アフリカ統一機構(OAU)を発展的に解消するかたちで、二〇〇〇年七月にOAU第三六回首脳会議で調印され、二〇〇二年七月、正式に発足した。モロッコを除くアフリカ大陸のすべての独立国五三カ国が加盟し(モロッコが承認していないサハラ・アラブ民主共和国を含む)、二〇一一年にスーダンから分離独立した南スーダンを加えて、現在の加盟国は五四カ国。重要な機関として、紛争などへの介入もおこなうことができる十五カ国からなる平和安全保障理事会がある。

佐▲が、ンクルマが主張した「アフリカ合衆国」構想をふたたび掲げたのである。「アフリカ合衆国」構想自体は受け入れられなかったが、内政不干渉の原則などのために紛争予防にはほとんど機能していなかったアフリカ統一機構を、より強力な組織に改編するためのプロセスを始めることが合意された。ＯＡＵとのもっとも大きな違いは、戦争犯罪、ジェノサイド、人道に対する罪といった重大な事態の場合には、首脳会議の決定にもとづき加盟国に対してＡＵが介入をおこなうことができるという規定である。加盟各国の思惑の違いから、「アフリカ合衆国」という目標はまだ遠いが、ンクルマの理想は生き続けている。

ガーナでは、ンクルマ失脚後も政治的経済的に不安定な状況が続き、クーデタがあいついだが、二〇〇〇年、はじめて選挙による平和裏の政権交代がおこなわれ、その後、政治的には安定した状況が続いている。ンクルマ生誕一〇〇年にあたる二〇〇九年、ガーナ政府はンクルマの公式の誕生日である九月二十一日を「建国者の日(ファウンダーズ・デイ)」として祝日に定めた。ただ、ンクルマがめざしたカカオ依存経済からの脱却はまだ実現していない。

▼ムアンマル・アル・カッザーフィー(一九四二〜二〇一一)　一九六九年、二七歳で王政に対するクーデタで政権を掌握し、「ジャマヒリーヤ」という独自の政治体制のもとで最高指導者としてその死まで君臨した。一九九〇年代末まで汎アラブ主義、反米路線をとり、八八年のパンナム機爆破事件の首謀者として経済制裁を受けたが、九八年に犯人引き渡しを受け入れ、経済制裁を解かれた。アフリカ連合(ＡＵ)の発足にあたっては、政治的にも財政的にも大きな貢献をしたが、二〇一一年、欧米の支援を受けた反カッザーフィ派の蜂起によって起こった内戦で殺害された。

ンクルマとその時代

西暦	年齢	おもな事項
1909	0	***9-21*** フランシス＝ンウィア＝コフィ・ンクルマ，ンクロフル村で生まれる(自伝では9月18日としている)。
1930	21	アチモタ・カレッジ卒業。小学校教員となる。
1935	26	アメリカに渡航，ペンシルベニア州リンカーン大学に入学。
1941	32	アコ・アジェイとともにアフリカ人学生協会(ASA)に参加。1942年に会長，機関誌『アフリカン・インタープリーター』を創刊。
1943	34	ペンシルベニア大学で哲学修士号を取得。博士論文の準備を始めるが提出せず。
1945	36-37	***5-*** イギリス，ロンドンに渡航。***10-13〜21*** 第5回パン・アフリカ会議をマンチェスターで開催。***12-*** 西アフリカ国民事務局(WANS)を設立。
1947	38	『植民地解放に向けて』出版。***12-*** 統一ゴールドコースト会議(UGCC)書記長就任のため帰国。
1948	38	***2-28*** アクラ騒擾。***3-12*** ンクルマ，ダンカーらUGCC指導部6人(ビッグ・シックス)の逮捕。***9-3*** UGCC指導部，ンクルマを書記長から会計係に降格。
1949	39	***6-12*** 会議人民党(CPP)結成。
1950	40	***1-8***「積極行動(Positive Action)」宣言。***1-11*** 非常事態宣言。***1-22*** 逮捕され，3年の刑をいいわたされる。
1951	41	***2-8*** 総選挙に獄中から立候補して当選，CPPは圧勝。***2-12*** 釈放され，翌日，総督から政府事務首班として組閣を命じられる。
1954	44	***6-15*** 総選挙でふたたびCPP圧勝。***9-19*** 連邦制を主張する国民解放運動(NLM)結成，再選挙を要求。
1956	46	***7-15*** 再選挙でCPP圧勝。***9-18*** イギリス政府，独立付与を決定。
1957	47	***3-6*** イギリス連邦王国としてのガーナの独立。ンクルマ初代首相。
1958	48-49	***4-15〜22*** 第1回アフリカ独立諸国会議開催。***12-5〜13*** 第1回全アフリカ人民会議開催。
1960	50	***7-1*** 共和政に移行，ンクルマ初代大統領就任。***7-6*** コンゴ動乱勃発。
1961	51	***4-8***「夜明けの放送」。
1962	52	***8-1*** クルンググ暗殺未遂事件。
1963	53	***5-25*** アフリカ統一機構(OAU)結成。『アフリカは統一しなければならない』出版。
1964	54	***1-2*** 大統領府での暗殺未遂事件。***1-31*** CPP一党独裁体制の成立。
1965	56	『新植民地主義－帝国主義の最終段階』出版。***10-21〜25*** アフリカ統一機構(OAU)アクラ大会。
1966	56	***1-22*** アコソンボ・ダム操業開始。***2-24*** 軍によるクーデタ。***3-2*** ギニアに亡命，共同大統領として遇される。
1968	59	『革命戦争ハンドブック』出版。
1970	61	『アフリカの階級闘争』出版。
1972	62	***4-27*** ルーマニア，ブカレストで死去。

参考文献

エンクルマ，クワメ(野間寛二郎訳)『わが祖国への自伝(クワメ・エンクルマ選集第1巻)』理論社，1960年

エンクルマ，クワメ(野間寛二郎訳)『自由のための自由(クワメ・エンクルマ選集第2巻)』理論社，1962年

エンクルマ，クワメ(野間寛二郎訳)『アフリカは統一する(クワメ・エンクルマ選集第3巻)』理論社，1964年

エンクルマ，クワメ(家正治，松井芳郎訳)『新植民地主義——帝国主義の最終段階(クワメ・エンクルマ選集第4巻)』理論社，1971年

エンクルマ，クワメ(野間寛二郎訳)『解放運動と武力闘争——コンゴの挑戦と教訓(クワメ・エンクルマ選集第5巻)』理論社，1971年

小田英郎『アフリカ現代史Ⅲ 中部アフリカ(世界現代史15)』山川出版社，1986年

小田英郎，矢内原勝『アフリカ・ラテンアメリカ関係の史的展開』平凡社，1989年

高根務『ガーナ——混乱と希望の国』アジア経済研究所，2003年

高根務「独立ガーナの希望と現実——ココアとンクルマ政権，1951～1966年」国立民族学博物館研究報告3(1)，2006，1-20

高根務，山田肖子編『ガーナを知るための47章』明石書店，2011年

中村弘光『アフリカ現代史Ⅳ 西アフリカ(世界現代史16)』山川出版社，1982年

松田素二，宮本正興編『新書アフリカ史』講談社現代新書，1997年

アドゥ・ボアヘン編『ユネスコ　アフリカの歴史　第7巻』同朋社，1988年

Biney, Ama, *The Political and Social Thought of Kwame Nkrumah,* Palgrave Macmillan, New York, 2011

Boahen, A.Adu, *Ghana: evolution and change in the nineteenth and twentieth century*, Longman, London, 1975

Davidson, Basil, *Black Star – A View of Life and Time of Kwame Nkrumah,* Allen Lane, London, 1973

Gocking, Roger S., *The Hsitory of Ghana,* Greenwood Press, Westport(U.S.A), 2005

James, C.L.R., *Nkrumah and the Ghana Revolution,* Allison & Busby, London, 1977

Kaba, Lansiné, *Kwame N'Krumah et le rêve de l'unité africaine,* Editions Chaka, Paris, 1991

Mazrui, Ali, *Nkrumah's Legacy and Africa's Triple Heritage Between Globallization and Counter Terrorism,* Ghana Univ. Press, Accra, 2000

McWilliam, H.O.A., Kwamena-Poh M.A., *The development of education in Ghana : an outline,* Longman, London, 1975

Milne, June, *Kwame Nkrumah: the Conakry Years, His Life and Letters,* Panaf-Zed Press, London, 1990

Milne, June, *Kwame Nkrumah, A Biography*, PANAF, London, 2000

Nkrumah, Kwame, *Dark Days in Ghana,* Panaf Publications, London, 1968

Sherwood, Marika, *Kwame Nkrumah: the years abroad, 1935–1947,* Freedom Publications, Accra, 1996

Timothy, Bankole, *Kwame Nkrumah, from cradle to grave,* Gavin Press, Dorchester(England), 1981

Zizwe Poe, D., *Kwame Nkrumah's contribution to Pan-Africanism : an Afrocentric analysis,* Routledge, London, 2003

図版出典一覧

K.A.Appiah, H.L.Gates(ed), ***AFRICANA,*** Oxford Univ. Press., 2005 *21*左

Kofi Buenor Hadjor, *Nkrumah and Ghana-The Dilemma of Post-Colonial Power,* Kegan Paul International, 1988 *64*

Milne, June, *Kwame Nkrumah, A Biography,* PANAF, 2000 カバー表, *48, 72, 74, 85*

Présidence de la République du Zaïre, *Atlas Historique de l'Afrique,* Editions du Jaguar, 1988 *6*上

R.H.Davis, Jr.(ed), *Encyclopedia of African History and Culture,* Facts On File. Inc., 2005 *21*右下, *46*

Bankole, Timothy, *Kwame Nkrumah, from cradle to grave,* Gavin Press, 1981 *21*左下, *33, 42, 44, 45, 54*

UNESCO, *General History of Africa* Ⅶ, 1990 *15*

UNESCO, *General History of Africa* Ⅷ, 1999 扉, *33*上

Willie F. Page(ed), *Encyclopedia of African History and Culture,* Volume 3, Facts On File. Inc., 2005 *7*

PPS通信社提供 カバー裏

ユニフォトプレス提供 *5, 6*下, *67*

著者提供 *39*

砂野幸稔(すなの ゆきとし)
1954年生まれ
京都大学大学院文学研究科博士課程単位取得退学
専攻，アフリカ地域研究
熊本県立大学名誉教授

主要著書・訳書
『新書アフリカ史』(共著，講談社　1997)
『ポストコロニアル国家と言語』(三元社　2007)
『アフリカのことばと社会』(共編著，三元社　2009)
『多言語主義再考』(編著，三元社 2012)

世界史リブレット人⑲

ンクルマ
アフリカ統一《とういつ》の夢《ゆめ》

2015年4月25日　1版1刷発行
2025年10月20日　1版2刷発行

著者：砂野幸稔《すなのゆきとし》

発行者：野澤武史

装幀者：菊地信義

発行所：株式会社 山川出版社

〒101-0047　東京都千代田区内神田1-13-13
電話　03-3293-8131(営業)　8134(編集)
https://www.yamakawa.co.jp/

印刷所：株式会社 明祥

製本所：株式会社 ブロケード

ISBN978-4-634-35099-1
造本には十分注意しておりますが，万一，
落丁本・乱丁本などがございましたら，小社営業部宛にお送りください。
送料小社負担にてお取り替えいたします。
定価はカバーに表示してあります。